누구를 위하여
향기를 피우나

누구를 위하여 향기를 피우나

초판 1쇄 발행 2024년 10월 3일

지은이 김혁동
펴낸이 정선모
디자인 가보경 이소윤

펴낸곳 도서출판 SUN
출판등록 제25100-2016-000022호. 2016년 3월 15일
주 소 서울시 노원구 덕릉로 94길 21. 205-102
전 화 010. 5213. 0476
이메일 44jsm@hanmail.net

값 15,000원
ISBN 979-11-88270-83-5 (03810)

ⓒ 김혁동. 2024
· 잘못된 책은 바꿔드립니다.
· 이 책은 저작권법에 따라 보호받는 저작물이므로 무단전제와 무단복제를 금지하며, 이 책의 전부 또는
  일부 내용을 사용하려면 사전에 저작권자와 도서출판 SUN의 서면 동의를 받아야 합니다.

김혁동 에세이

누구를 위하여
향기를 피우나

SUN

목차

책을 내며 · 6

1부 삶이 그대를 속일지라도
벚꽃 아래에서 · 11
은행나무 · 17
누구를 위하여 향기를 피우나 · 22
낙엽 · 31
삶이 그대를 속일지라도 · 37
옥잠화 · 46

2부 손님은 어디에서 오셨습니까?
나의 불쌍한 음치 인생 · 55
원수는 외나무다리에서 · 66
앞모습, 뒷모습, 윗모습 · 72
서랍 · 79
소나무, 인생과 함께 · 85
손님은 어디에서 오셨습니까? · 94

3부 한 알의 모래 속에서 세계를 보고

수고하세요 · 105
무상, 무아, 메타모르포시스 · 115
바보와 네 아내 · 123
지렁이 구하기 · 131
다시 듣는 〈성불사의 밤〉 · 140
한 알의 모래 속에서 세계를 보고 · 147

4부 까치와 인생

Fall in Love 그 모순과 숙명 · 165
방송 사고 · 173
오보와 기사 오류 · 180
까치와 인생 · 189
위안부와 성노예 · 199
스마트 시대의 모순과 디지털 중도 · 207

5부 서서 자는 말

야누스의 명암 - 눈 맞춤 · 217
서서 자는 말 · 222
족식, 족병, 민신 · 228
독감 · 235
감자 I · 242
감자 II · 249

책을 내며

　글은 글쓴이의 내면을 보여주는 자기표현이다. 어쩌면 수영복을 입고 사람들 앞에 서는 것과 비슷한 일이다. 수영도 별로인데 수영복을 입고 많은 사람들 앞에 서는 것은 자신 없는 일이다. 내가 쓴 글이 혹시 그런 것이 아닐까 생각하면 글을 써서 세상에 내놓는 것은 만만한 일이 아니다.

　내가 쓴 글도 나중에 보면 설익은 과일처럼 보일 때가 많다. 그것은 뒤집어 보면 정신적으로 성장했다는 증거이기도 하다. 그러므로 이런저런 글들을 혼자 갖고 있는 것이 미덕만도 아니라는 생각이 든다. 성장은 표현이라는 정신 활동과 드러냄을 기반으로 가능한 것이기 때문이다. 그리고 인간은 어차피 불완전한 존재가 아닌가. 이것이 그동안 쓴 글들을 세상에 내놓는 저자의 심정이다.

　그동안 착상이 떠오를 때마다 어쩌다 써놓았던 글이 쌓여 한 권의 책으로 내놓게 되었다. 내용을 보자면 가벼운 것도 무거운 것도, 얕은 것도 깊은 것도, 웃기는 것도 진지한 것도 있다. 또 때로는 나에게는 벅찬 소재이지만 삶과 존재와 세계에 대한 사유를 나름대로 시도해 본 것도 있다. 방송국 프로듀서로 근무하며 겪었던 추억도 조금 담아보았다. 주변에서 흔히 보는 소재에 대한 관찰과 고백적인 이야기 등도 포함했다.

어쨌든 이 책은 읽는 분들이 한번 웃어도 보고, 때로는 달리던 걸음을 멈추고 잠시 쉬어가는 고요한 호숫가 산책로의 벤치 같은 것이 되었으면 좋겠다. 세상의 여러 가지 소재를 보는 이런 시각도 있구나 하고 잠시 사색해 볼 수도 있을 것 같다. 이 글들은 순서대로 읽어도 좋고 관심이 가는 것부터 읽어도 상관없다.

책 한 권 출판할 때 드는 종이를 만들기 위해 많은 나무가 베어져 나간다. 안 그래도 기후 변화 위기가 벌써 여기저기에서 인류의 삶을 위협하고 있다. 나까지 별것 아닌 글로 이 위기를 악화시키는 데 줄을 선 것은 아닐까 하는 생각도 든다. 수많은 책이 쏟아져 나오고, 많은 책들이 시간의 강물을 따라 흘러가 종적을 알 수 없는 경우가 허다하다. 한 문장, 한 구절이라도 세월의 가차 없는 낫질에 잘려나가지 않고 독자 여러분들의 가슴 속에 남는다면 큰 기쁨이겠다.

선뜻 출판을 맡아주신 도서출판 SUN의 정선모 대표님께 깊은 감사의 말씀을 드린다.

2024년 10월
김혁동

1부

삶이 그대를
속일지라도

───────

처음 개화는 환희롭고 만개한 중간은 화려하며 낙화의 끝도 아름답다. 우리의 삶도 그렇게 가꾼다면 사계절 지지 않는 꽃이 아니겠는가.

벚꽃 아래에서

　벚꽃은 일본의 상징이라서 한때 배척되기도 했지만 언젠가부터 빼놓을 수 없는 상춘의 꽃이 되었다. 한 조사에 의하면 벚꽃은 장미 다음으로 한국인이 좋아하는 꽃으로 나타났다. 예전에는 벚꽃을 즐길만한 명소가 얼마 되지 않았지만, 지금은 많이 늘어났다. 그동안 곳곳에 벚나무를 심어놓은 것이 30여 년 동안 성장하여 볼만하게 자란 탓이다. 요즈음에는 심지어 아파트 단지에도 벚꽃이 꽤 많이 심겨 있어 굳이 멀리 나가지 않아도 사월이면 주민들의 눈을 즐겁게 한다. 서울에서 벚꽃 명소 하면 여의도 윤중로를 꼽을 수 있다. 1993년 김영삼 정부가 들어서면서 그 이전까지 일반인 금지 구역이었던 윤중로를 일반 시민들에게 공개하자 서울의 벚꽃놀이 일번지로 부상했다.

　벚꽃이 만발하면 낮인데도 온갖 등불을 밝힌 듯 세상이 환하다. 벚꽃이 무리를 이룬 화려한 자태를 보며 '꽃이 피니 천지가 밝구나!

(花發天地明)' 하고 읊어본다. 벚꽃은 잎이 나기도 전에 세상에 나와 그 잎이 가지를 덮기 전에 일생을 마감하는데 이런 점은 산수유나 목련과 같다. 그러나 벚꽃은 이들 꽃과는 달라 개화 못지않게 낙화도 제격이다. 군락을 이룬 벚꽃이 일시에 피었다가 일시에 눈처럼 쏟아질 때 그 억 편 꽃닢의 장려함은 단연 꽃 중의 으뜸이라 할만하다. 문득 나타났다가 홀연히 사라지는 혜성이나 밤하늘을 화려하게 수놓고 일순 사라지는 폭죽의 정령이 이와 유사하다고 할까. 이러한 벚꽃의 화혼은 마치 시작 못지않게 끝이 아름다워야 한다고 주장하는 듯하다. 꽃잎이 아직 한창일 때 가지를 버리는데 정상에서 환호를 받을 때 미련이 없이 내려와 존경받는 사람을 닮았다.

벚꽃은 화려한 자태에 비해 향기가 없으며, 꽃이 피어 있는 화기(花期)가 다른 꽃에 비해 짧아 아쉬움이 큰 꽃이다. 피었는가 싶었는데 어느덧 지고 심술궂은 비바람이라도 쳐 꽃이 날려 가면 그 허전함이란…. 하지만 자세히 보면 벚꽃이 머무르는 시간이 인색하다 탓할 것만도 아니다. 그 머무르는 시간이 짧지만 한 그루에 달린 무수한 화편들이 쏟아내는 활달무량한 화혼이 이를 보상하고도 남음이 있으니 완상을 위한 배려와 균형을 갖추었다 하겠다. 더구나 열매를 얻고자 한다면 꽃이 짐을 아까워하랴.

필자는 풍경이 아름다운 곳에 서면 그 풍경에 어울리는 시가 생각난다. 그런 것을 보면 이런 습성은 시적 재주가 있는 사람에 국한된 것만은 아닌 듯하다. 19세기 영국의 시인 A. E. 하우스만(A. E. Housman)의 시 중에 벚꽃을 노래한 〈가장 아름다운 나무(Loveliest of Trees)〉라는 시가 있다. 자신이 스무 살 되던 해 어느 봄날 부활절 아침에 승마 길을 따라 줄지어 선 벚꽃을 바라보며 하우스만은 이렇게 영탄했다.

> 나무 중 가장 아름다운 벚나무/ 가지 따라 꽃줄을 드리웠도다.
> 부활절을 맞아 흰옷 단장하고/ 숲속 승마길 따라 줄지어 섰네.
> 내 인생 칠십/ 스무 해는 돌이킬 수 없는 것
> 일흔 봄에서 스무 해를 빼면/ 남는 것은 오직 쉰분
> 만발한 벚꽃 보기엔/ 쉰 봄은 너무나 짧아라.
> 숲길 따라 나는 가련다./ 눈송이를 피운 벚꽃을 보러.
>
> (영시 원문은 이 글 말미에 있음)

인간이 아름다움을 느낄 때 삶은 더욱 절실한 모습으로 다가선다. 하우스만의 이 시편은 자연의 매개체를 통해 얻은 이러한 삶의 인식을 평이한 언어로 노래하고 있다. 지금은 백세 시대이니 하우스만이 다시 태어나 시를 짓는다면 만발한 벚꽃을 보는 남은 기간은 80년이다. 그가 80년의 봄을 짧다고 할지 길다고 할지 모르겠다.

한국의 전통적 꽃으로 벚꽃을 닮은 것이 배꽃이다. 11세기를 살았던 중국 북송의 시인 소동파는 〈동란이화(東欄梨花)〉라는 시에서 하우스만의 이 벚꽃 시와 흡사한 상춘의 탄식을 토해내고 있다. 봄바람에 어지러이 휘날리는 배꽃을 보고 동파는 이렇게 읊는다.

'아아, 동쪽 난간에 선 한 그루 눈꽃이여! 인생에 이런 청명함을 볼 날이 그 얼마이리(惆悵東欄-株雪 人生看得幾淸明)'라고. 해마다 벚꽃과 배꽃이 흐드러지는 이맘때가 되면 생각나는 두 편의 시이다. 꽃을 눈에 비유한 시적 발상도 그러려니와 꽃의 아름다움을 오래 누리지 못하는 아쉬움을 읊은 시정이 시공을 뛰어넘어 일치하여 경탄을 자아낸다.

올해도 어김없이 벚꽃이 피는 시기가 도래했다. 여의도 KBS 본사 5층에 있는 필자의 사무실은 윤중로에 피는 벚꽃을 일부 조망할 수 있는 곳이다. 사무실에서도 감상하지만 이른 점심을 먹고 동료들과 같이 꽃길을 산책하는 호사를 누린다. 사색에 잠겨 꽃과 나만의 시간을 갖고 싶을 때는 혼자서 걷기도 한다. 아침 출근 무렵에는 아직 유둣빛 봉오리 상태였던 것이 점심나절이 되자 부풀어 오른 봉오리가 드디어 터지고 맑은 흰빛으로 에워싸이는가 했는데 저녁 무렵이 되니 어느덧 엷은 분홍 잎이 반은 열렸다. 시시각각 달라지는 개화의 움직임이 참으로 놀랍다. 순간 '아, 이것이 시간이 지나가는 모습이구나'란 생각이 스친다.

4월 벚꽃이 피는 속도는 참으로 빠르다. 마치 축제에 목마른 술의 신 바커스(Bacchus)가 술동이를 향해 돌진하는 양으로 아침에 맺힌 봉오리가 내일이면 만개할 기세이다. 서귀포에서 화신(花信)을 싣고 출발한 시간의 열차는 제주해협을 건너 남도를 지나 윤중로역에 도착하여 바야흐로 무량한 화혼을 풀어헤치고 있는 중이다. 겨우내 벚꽃의 개화를 기다렸던 사람들은 벚꽃열차의 도착과 동시에 시작된 축제를 보기 위해 윤중로 전체를 가득 채운다. 그러나 보라. 꽃이 피는 속도에 반비례하여 행인들의 걸음걸이는 느려져만 간다. 마치 게으른 걸음으로 일 년 내내 서둘렀던 행보를 벌충이라도 하듯이. 지난 한 해 하늘에 무엇이 있는지 쳐다볼 겨를도 없이 이리저리 얼마나 서둘러 걸었던가. 그리고 모진 겨울 혹한에 움츠리며 얼마나 활보의 자유와 완상의 여유를 그리워했던가. 윤중로를 돌아가는 사람마다 슬로비디오가 되고 마니 하물며 작정하고 나온 상춘객들의 걸음걸이야 말하여 무엇하겠는가.

  휴일 근무를 위해 김포공항 방면에서 종합운동장 쪽으로 올림픽대로를 타고 운전하며 양화대교 부근을 지나면 국회의사당 주위를 반원형으로 에워싼 윤중로의 벚꽃은 반으로 잘라놓은 꽃반지 같다. 윤중로에 벚꽃이 화환을 두르는 시기, 그 사월이 여의도에 다시 도래한 것이니 심부름을 갔다가 꽃이 불러서 늦었다고 엉뚱한 핑계를 댄다 해도 우리는 마땅히 그를 용서해 줘야 하리라.

  바람이라도 살랑 가지를 흔들고 지날 때 산화(散花)의 장려한 화혼은 뇌쇄적이다. 바쁜 일상에 얽매여 있을지라도 이 순간 저 벚꽃 송이들의 어지러운 춤과 대자유의 낙하 앞에 우리는 홀연 시선을 빼앗기지 않을 수 없고, 꽃송이들이 연출하는 생멸의 소리 없는 노래에 넋을 맡기지 않을 수 없다. 피었다 싶으면 채 일주일도 못가 떨어지나 그 끝에 미련이나 누추함이 없다. 일시에 지는 벚꽃의 모습은 장쾌한 춤이나 웅장한 합창곡 같다. 꽃잎들이 눈보라처럼 질 때 그 장려함으로 무상의 감개를 씻어준다. 그리하여 낙화의 일이면서 애상이 없다. 처음 개화는 환희롭고 만개한 중간은 화려하며 낙화의 끝도 아름답다. 우리의 삶도 그렇게 가꾼다면 사계절 지지 않는 꽃이 아니겠는가.

Loveliest of Trees
by A. E. Housman(1859~1936)

Loveliest of trees, the cherry now
Is hung with bloom along the bough,
And stands about the woodland ride
Wearing white for Eastertide.

Now, of my threescore years and ten,
Twenty will not come again,
And take from seventy springs a score,
It only leaves me fifty more.

And since to look at things in bloom
Fifty springs are little room,
About the woodlands I will go
To see the cherry hung with snow.

은행나무

 '이런 날 밖에 안 나가면 가을에 대한 예의가 아니지.' 가을이 예의를 요구한 것도 아닌데 이렇게 혼자 생각하며 사무실을 나온다. 오늘은 가끔씩 돌아오는 휴일 근무 날이다. 시월 중하순 날씨가 화창한 날은 구내식당 대신 밖으로 나가 점심 식사를 한다.
 식사 때는 꼭 옥외 탁자에 앉는다. 단풍이 물들어가는 여의도 공원을 조망하며 망중한을 즐길 수 있기 때문이다. 맛보다 향기가 일품인 헤이즐넛 커피, 따사로운 가을 햇살에다 푸른 하늘까지 끝없이 펼쳐져 오롯이 혼자만의 호사를 누린다. 은행잎에 쏟아지는 햇빛이 금화로 반짝이는 광경까지. 어쩌다 미풍이라도 지나가면 노란 은행잎이 세상에 하나뿐인 율동으로 커피 향을 흔들며 사뿐히 탁자에 내려앉는다. 이어서 또 한 잎 그리고 어떤 때는 두어 잎이 시차를 두고 내려와 앉는다. 나비처럼 또는 동화 나라 요정처럼 낙하하며 커피 향에 율동과 색깔을 섞어 그 어디에도 없는 '감성의 커피'를 만든다. 북녘 바람이 가을을 실어 오면 은행나무는 잎을 떨구며 바야흐로 감각의 예술을 펼쳐 보인다. 이것만으로도 가을에 예의를 표할 이유로 충분하지 않은가.

 진한 커피 향을 음미하고 있노라면 고향의 어린 시절 한 장면이 아스라한 기억 속에 떠오른다. 잎이 지는 늦가을 무렵 읍내 여고생 누나가 예쁜 은행잎을 골라 시집의 책갈피에 끼워 넣던 모습. 그 시를 읽으면 왠지 입에서 향기가 날 것 같은 고운 잎이었다. 은행잎은 그렇게 문인들의 여정에 낭만의 이정표를 세우기도 했다. 나도 지난가을에 근린공원 둘레길에 떨어진 은행잎을 골라와 책갈피에 끼워 넣고 옛 추억에 젖어 보았다. 지금은 전자책이 보편화되고 인공지능이 책을 쓰는 4차 산업 혁명 시대이다. 아직도 은행잎을 책갈피로 이용하는 사람들이 있는지 모르겠다. 은행잎 책갈피와 함께 인간의 순수한 감성도 사라진다면 안타까운 일이다.

 은행나무는 2억 7천만 년 전부터 지구상에 존재해 왔다고 하니 그 역사가 장구하다. 이에 비하면 인류의 기원은 불과 수백만 년 전쯤이라니 손전등 앞의 반딧불 정도나 될까. 은행나무는 수명과 크기도 엄청나서 '나무의 왕'이라 할만하다. 천연기념물로 지정된 용문사 은행나무는 수령이 1,100년으로 추정된다고 하며 키는 42미터로 우람한 위엄을 자랑한다. 은행나무는 길게는 3천 년까지 산다고 한다. 이 정도면 미국 요세미티 국립공원에 있는 메타세쿼이아와 어깨를 겨룰 만한 수준이다. 삼천 년을 두고 늙어 가는 거대한 은행나무. 영웅호걸의 풍모로 손색이 없으면서 동시에 인간의 왜소함을 일깨워 준다. 당당함 속에서도 절제를 잊지 말아야 함을 가르쳐 주는 듯하다.

　가을이 깊어지면 은행나무는 아름다운 단풍으로 인간의 심미적 욕구를 만족시켜 준다. 실용적 측면에서도 식품, 약재, 가구의 재료가 되어 여러모로 유용한 나무이다. 가로수로 많이 쓰여 도시의 대기 오염을 완화하는 데도 도움이 된다. 요즈음은 은행이 열리는 암나무 가로수는 수나무로 대체되는 추세이다. 은행이 풍기는 악취 때문이다. 악취만 빼면 거의 나무 전체가 인간을 위해 봉사한다. 여느 단풍나무와 달리 이타행의 전범이라 하겠다.

　은행나무는 할아버지가 심어놓으면 손자가 열매를 거둔다 하여 '공손수(公孫樹)'라는 별칭을 갖고 있다. 묘목이 자라서 은행을 보려면 약 30년 정도 걸리기 때문이다. 요즈음은 육종 기술 발전으로 열매 수확까지 필요한 기간이 이보다는 짧아졌다고 한다. 때로는 얼굴도 모르는 후손을 위해 심는 은행나무는 결실을 향한 긴 여정을 시작한다. 그동안 천지의 기운을 모아 열매를 맺기 위한 준비를 한다. 오랜 세월을 지나오며 겪었을 수많은 삼복염천과 북풍한설을 생각하면 외경심마저 든다. 단기간에 성과를 요구하는 각박하고 치열한 경쟁의 시대에 비록 나무이지만 이런 존재를 볼 수 있는 것은 참으로 특별한 일이다.

　은행나무는 암나무와 수나무가 떨어져 있는 자웅 이주인데 자신의 꽃을 드러내지 않는 겸양의 나무이다. 암나무 꽃은 초록색, 수나무 꽃은 황록색인지라 눈여겨보지 않으면 있는지 없는지도 알 수 없는 꽃이다. 더구나 향기마저 없으니 존재감이 드러나지 않을밖에. 그러나 봄꽃들이 향기와 미모를 다툴 때 꽃 아닌 꽃을 달고 있던 은행나무는 화려한 변신으로 놀라운 기적을 이루어낸다. 봄날의 난만한 뭇꽃들이 흔적도 없이 사라진 가을이 오면 은행나무는 잎마다 꽃을 피워 봄꽃의 영광을 뛰어넘는 명품이 된다. 아기가 자라서 성자가 되듯이 잎으로 태어나 온몸이 꽃이 된다.

존재조차 몰랐던 봄꽃에 이어 가을에 피는 '제2의 꽃!' 마치 "꽃보다 아름다운 잎을 보았나요?"라고 속삭이는 듯하다. 바윗돌에 숨어 있던 벽옥이 드러난 것 같다고 할까. 빈약한 터전에서 성공을 일구어낸 인생도 이런 것이 아닐까. 가을에 은행나무가 아름다운 단풍만을 보여주는 것은 아니다. 인생을 어떻게 살아야 하는지도 가르쳐 준다. 나는 별 볼 일 없다고 좌절한다면 은행나무의 화려한 변신에서 인생 역전의 희망을 볼 수 있다. 나는 너무 잘났다고 으스댄다면 명품이 된 제2의 꽃 앞에서 겸허한 현실 자각의 기회를 얻을 수 있다. 가을바람에 은행잎들이 춤추며 대지에 내릴 때 그 억 편 낙하의 미묘한 조화(造化) 또한 눈길을 뗄 수가 없다. 노란 낙엽이 산책로를 수북이 덮을 때 발걸음은 저절로 느려진다. 환경미화원 여러분들이여, 부디 오랫동안 이 낙엽을 쓸어내지 말기를.

첫 열매를 얻기까지 참으로 긴 시간이 걸리는 은행나무는 오랜 수련을 통해 목표를 성취하는 대기만성의 품격을 보여준다. 대가나 득도한 수행자의 삶과 유사하다. 은행나무는 여러 가지 덕을 갖춘 나무이다. 먼저 열매를 거두기 위한 긴 세월의 인고와 정진이 있다. 자신의 수수한 꽃은 아랑곳하지 않고 열매를 키워 아낌없이 내주는 무욕과 보시를 갖추었다. 또 모든 잎이 꽃이 되어 화려한 대미를 장식하는 유종의 미가 있다. 석양의 장엄한 아름다움처럼.

우리는 그들을 영접하지 않았지만, 가을이 오면 그들은 우리를 황홀한 꽃 잔치에 초대한다. 옥외 탁자에 시나브로 내려앉는 노랑나비 같은 잎새들…. 올가을도 익어 감을 알고 은행나무가 보내는 초대장이다. 가을이 가기 전에 은행잎이 노랗게 물든 한적한 곳을 찾아보라는. 따뜻한 커피 한 잔 두 손에 감싸 쥐고 앉아 가을이 신필로 허공에 그려 내리는 은행잎 꽃비에 젖어 보면 어떠리.

누구를 위하여 향기를 피우나

　베란다에서 키우는 군자란이 올봄에는 꽃을 피웠다. 꽃은 깔때기 모양인데 꽃잎은 짙은 분홍색이다. 꽃받침 쪽으로 내려가면 꽃잎은 꽃술과 함께 노란색을 띠는데 참으로 화려하다. 삼월 초순에 꽃봉오리를 밀어 올리기 시작해서 열흘 정도 지나면 꽃잎이 모습을 드러낸다. 꽃이 피어 있는 기간, 즉 화기(花期)는 30일에서 50일 정도니 참으로 길다. 만개한 상태로 보름 이상 감상할 수 있었으니 눈 호사가 컸다. 더구나 삼 년을 거르다가 피었으니 가족들 모두 꽃을 보며 그 모습을 찬탄하고 즐거워했다. 아내가 지난가을에 원예용 상토를 보충하였는데 그것으로 힘을 내 꽃으로 보답한 것 같다.

　군자란은 줄기가 없이 잎만 있는 게 특이하다. 다만 아쉬운 것은 불꽃같이 화려한 외모에 어울릴 법한 향기가 없다는 것이다. 화려하지만 향기는 없고, 향기가 좋으면 모양은 별로이고. 자연의 섭리가 공평한 것을 새삼 일깨워 준다.

난초는 매화, 국화, 대나무와 더불어 예부터 사군자의 하나로 사랑받아 온 꽃이다. 그런 품격 높은 꽃인데 이름도 군자란이니 참으로 특별한 화초이다. 내가 알기로는 군자라는 이름이 들어 있는 화초는 군자란뿐이다. 《표준국어대사전》은 군자를 '행실이 점잖고 어질며 덕과 학식이 높은 사람'으로 정의하고 있다. 유교에서 군자는 도덕적으로 완성된 인격자이며 이상적 인간상이다. 매화, 난초, 국화, 대나무를 고결한 지조와 아름다움을 가졌다 하여 사군자(四君子)라 하는데 그 지위는 인간 중에도 찾아보기 어렵다.

 베란다에서는 삼월 초순에 개화하여 약 한 달 지나서 꽃이 지는데 지는 꽃도 여느 꽃들과 다르다. 지는 모양이나 져서도 꼿꼿한 건 과연 지조 높은 군자의 모습이다. 꽃은 져도 서러워하지 않는다. 떨어져 누워 있어도 그전과 다름없이 아름답다. 자신을 사랑하는 누군가 낙화를 슬퍼할까 염려한 때문일까? 마무리는 이래야 함을 보이기 위함일까? 떨어져도 꺼지지 않는 낮의 등불! 누추함도 후회도 두려움도 볼 수 없다. 잎을 떠날 때도 일거에 툭 떨어지는데 자신의 임무를 완수하고 욕심 없이 자리를 떠나는 사람처럼 미련이 없다. 사철 푸른 잎은 변함없는 절개이다. 길고 널찍한 잎은 떨어지는 꽃 다칠세라 받아 주는 어머니의 마음 같다. 잎은 좌우로 갈래를 이루어 뻗어나는데 치우침 없는 조화로운 성품을 드러낸다. 길고 곧은 꽃대는 높은 지조에 어울린다. 한 줄기에 많은 꽃을 피워 아낌없는 베풂을 보여준다. 이쯤 되면 이 난초가 군자라는 이름을 얻은 뜻을 알고도 남음이 있다.

군자란의 화려한 꽃이 진 후 허전한 마음을 알았는지 또 다른 난초가 우리 가족을 반겨준다. 일반인에게는 이름도 생소한 덴드로비엄 킨기아넘(dendrobium kingianum)이란 서양란이다. 호주가 원산지로 호주 동부 해안 바위나 바위틈에 자생하는 석곡이다. 잎은 흡사 조릿대 잎 모양으로 가장자리에 노란색 또는 보라색의 가는 줄이 둘러싸고 있다. 줄기는 사인펜 정도로 굵고 백회색 껍질에 둘러싸여 약 20~30센티미터 올라오는데 줄기 끝부분에서 많은 잎이 난다. 그중 위에 있는 잎에서 꽃대가 나와 거기에 꽃을 피운다.

올봄에는 두 개의 꽃대에서 각각 세 송이의 자주색 꽃이 피었는데 그 향기가 얼마나 진한지 코를 가까이 대고 맡아보면 취할 것 같다. 꽃은 꽃잎과 두 개의 배면 꽃받침, 두 개의 측면 꽃받침과 가운데에 있는 꽃잎보다 작은 순판(脣瓣)으로 구성되어 있다. 꽃잎과 꽃받침은 순판 쪽으로 내려올수록 자주색이 엷어지고 흰색이 돈다. 서양란은 대체로 향기가 드문데 이렇게 진한 향기가 있다니. 아내가 어느 휴일 아침에 늦잠을 잔 후 베란다 쪽 침실 창문을 열었더니 꽃향기가 방안으로 가득 들어와서 놀라움과 기쁨을 금치 못했다고 한다. 아내와 나는 하루에도 몇 번씩 향기를 맡으러 베란다를 들락거리며 감탄하고 사진도 찍었다. 향기를 담지 못하니 유감이긴 하나 매년 피는 꽃이 아니라 반가움은 더했다.

킨기아넘 꽃이 시들어 떨어지자 올봄의 마지막 난초 향연을 장식하는 꽃이 피어난다. 다름 아닌 나도풍란이다. 풍란과 닮아서 얻은 이름이라니 재미있는 이름이다. 군자란 화분 옆에서 자라며 4월 중순에 꽃을 피운다. 이 나도풍란의 꽃은 흰색인데 꽃받침 쪽으로 내려갈수록 은은한 연푸른빛이 돈다. 시간이 지나면서 향기가 잦아들 즈음 꽃잎은 연노란색으로 변한다. 꽃잎 여기저기에 자주색 반점과 줄무늬가 있어 아름답다. 풍란(風蘭)은 꽃향기가 바람에 실려 멀리 퍼져 나간다 해서 지은 이름이라고 한다. 군자란과는 달리 나도풍란은 향기가 참으로 진하다. 킨기아넘처럼 아침에 베란다에 들어가면 향기가 가득하다. 난초꽃 향기가 하루 종일 가득하여 아파트 고층에 있는 베란다를 '취향루(醉香樓)'라 이름 지었다. 향기에 취하는 누각! 3월부터 5월까지 석 달 동안 화려무비한 난초의 모양과 향기에 취하니 이 얼마나 고맙고 기쁜 일인가.

 난초 외에도 관음죽이 무려 31년 만에 꽃을 피웠고 호주 매화, 영산홍, 꽃기린, 황장미, 단정화, 카랑코에 등의 꽃이 피어난다. 꽃은 없으나 팔손이, 고무나무, 드라세나 마지나타 등이 푸른 잎을 새롭게 피우는 베란다는 미니 온실이다. 비록 큰 공간은 아니나 바깥 공기가 아직 차가운 봄날 따뜻한 햇볕을 쬐며 잠시 앉아 차 한 잔하는 운치가 있는 곳이다. 나에겐 시내 어떤 찻집보다 멋진 공간이다. 혼자도 좋고 아내와 함께해도 좋고. 예부터 난초꽃이 피면 좋은 벗을 불러 차를 마셨다고 하는데 그 뜻을 알겠다.

 취향루에서 봄날을 난초 향에 취해 보내는 것은 다 아내 덕분이다. 아내가 화초를 키우는 일을 잘하는 편이다. 나는 취향루에 있는 화초에 물 한 방울 준 적이 없다. 물도 주는 주기가 정해져 있어 아무렇게나 주면 애써 키워놓은 화초를 죽일 수도 있어 아예 손을 대지 않는다. 다만 겨울에 일부 화분을 거실로 들일 때 도와주는 것뿐이다.

난향(蘭香)은 사람 중의 군자와 딱 맞는 짝이다. 중국 당나라의 시인 이백은 이런 시를 남겼다. "풀이 되려면 마땅히 난초가 되고, 나무가 되려면 소나무가 되어라. 난초는 바람에 실려 향기가 멀리 가고, 소나무는 추위도 모습을 바꾸지 않나니.(爲草當作蘭 爲木當作松 蘭幽香風遠 松寒不改容)" 이백은 고아한 향기를 피우는 난초의 품격을 식물 중 최고로 보았다. 서양에서도 난초는 귀한 대우를 받았다. 19세기 영국의 저명한 식물학자인 존 린들리(John Lindley)는 난초를 '식물 세계의 보석(jewels of the plant world)'이라고 상찬하였다.

동양란의 꽃은 은은한 향기와 담백한 모양이 특징이다. 동양란의 꽃에는 또 절제된 우아함이 있다. 먹으로만 그린 난초 그림인 묵란(墨蘭)에도 이런 성품이 나타난다. 서양란의 꽃은 대담하고 강렬한 색채와 문양을 지녀 화려하지만, 향기가 없는 것이 많다. 고려 시대, 조선 시대의 사대부들은 난분을 방안에 놓고 키우며 시도 짓고 그림도 그렸다.

요즈음에는 일반인들도 집에서 난초를 많이 키우지만, 옛날에는 대부분 산에 자생하는 화초였다. 깊은 산중에서 고결한 향기를 백 리까지 뿜어내어 화향백리(花香百里)라는 말이 생겼다. 먼바다로 배를 타고 나간 선원들이 짙은 해무 속에서 방향을 잃는 경우가 있다. 이럴 때 어부들이 해안 절벽에 핀 나도풍란의 진한 향을 좇아 찾아왔다는 속설이 있다.

《삼국사기》를 편찬한 고려 시대의 문신 김부식의 〈임진강(臨津江)〉이란 시에 이런 구절이 있다. "슬프다. 미인은 천 리 밖에 있는데 강변의 난초와 구릿대는 누구를 위하여 향기를 피우는가?(惆悵美人隔千里 江邊蘭芷爲誰香)" 이 시적인 질문에 과학적 답변을 하자면 이렇다. 난초가 향기를 피우는 것은 수분(受粉)을 위한 것이다. 수분을 해야 번식하고 종을 보존할 수 있다. 수분은 나비, 벌 등 수분 매개자들에게 의존한다. 난초꽃은 수분 매개자들을 끌어들이기 위해 향기를 내뿜는다.

　난초를 키우는 베란다에 들어가면 어떤 때는 꽃향기가 전혀 없다는 것을 알게 되었다. 킨기아넘과 나도풍란 모두 낮에만 향기를 피우고 해가 지면 향기를 내지 않는다. 낮이라도 비가 오는 날은 향기를 발산하지 않는다. 수분 매개자들이 활동하는 시간에만 향기를 피워 이들을 부르는 것이다. 수분 매개 곤충들이 낮에 활동하면 난초는 낮에 향기를 피우고, 밤에 활동하는 야행성이면 밤에 향기를 피운다. 서양란의 경우 향기가 없는 종자가 많다. 그래서 이들은 화려한 모양이나 색깔로 수분 매개자들을 유인한다고 한다. 동양란과 서양란은 종의 보존과 번식을 위해 각각 다른 매개자 맞춤형 수분 전략을 쓰는 것이다. 자연의 섭리가 참으로 오묘하다.

　결국 난초가 향기를 피우는 것은 자신을 위한 것이다. 그렇다고 과학적 진실로 시적 진실을 재단한다면 얼마나 부미건소하고 멋없는 일인가. 김부식이 시에서 던진 물음은 임을 그리는 자신의 낭만적 정서를 표현한 것이니 말이다. 공자는 이런 말을 남겼다. "지초와 난초는 깊은 숲속에 나지만 사람이 없다 하여 향기를 피우지 않는 일이 없고, 군자는 도를 닦고 덕을 세우는 데 있어서 곤궁을 이유로 절개를 바꾸지 않는다(芝蘭生於深林 不以無人而不芳 君子修道立德 不爲困窮而改節)" 공자는 여기에서 난초 향을 군자의 지조와 병치해 놓았다. 또 공자의 말에서 우리는 김부식의 물음에 대한 새로운 답변을 찾을 수 있다.

난초는 수분을 위해 향기를 피운다. 벌은 꽃가루를 옮겨 수분을 해주며 난초꽃에서 꿀을 얻는다. 이들 사이에 주고받는 관계가 성립한다. 인간은 꽃향기를 취하고 벌이 만든 꿀도 얻는다. 인간은 향기와 꿀을 취하면서도 보답은 하지 않는다. 공짜로 누리는 향기와 꿀에 대한 보은은 무엇일까? 꽃과 벌을 보호하는 것이다. 그런데 보호는커녕 무분별한 채취로 생태계가 크게 훼손되었다니 매우 안타까운 일이다. 벌이 사라지고 있다는 뉴스를 들은 것도 오래전이다. 꽃이 사라지면 벌도 사라진다. 그러면 벌의 수분에 의존하는 식량 자원이 되는 식물들이 대거 죽는다. 그것은 인류의 생존을 위협하는 재앙이 된다.

세상의 만물은 연기적 의존 관계에 의해 존재하고 있다. 연기적 관계를 유지하는 하나의 고리가 무너지면 다른 고리도 연쇄적으로 무너진다. 그러면 생태계의 질서와 균형이 무너지고 인류의 생존 자체에 위협이 된다. 화엄 교학에서는 이 우주적 의존 관계를 법계 연기라고 한다. 서양에도 이러한 연기적 세계관과 유사한 '존재의 위대한 연쇄(Great Chain of Being)'라는 개념이 있다. 이것은 신인

하나님을 정점으로 하여 천사, 인간, 동물, 식물, 무정물에 이르기까지 존재하는 기독교적 위계질서를 가리킨다. 이 존재의 연쇄 질서는 그것을 이루는 고리들이 제자리에 있을 때 유지된다. 한 고리라도 있어야 할 자리를 지키지 않으면 전체의 연쇄 관계는 무너지고 혼돈이 초래된다. 인간의 이기심과 탐욕이 연기적으로 연결된 세계를 파괴하면 큰 과보가 따른다. 지금 보고 있는 미증유의 기후 변화 위기가 그것이다.

연기적으로 연결된 세계에서는 타인에게 하는 것은 나에게 하는 것과 같다. 타인에게 나쁜 일을 하면 나에게 나쁜 일을 하는 것이다. 타인에게 좋은 일을 하면 나에게 좋은 일을 하는 것이다. 사람 사이의 관계만 그런 것이 아니라 모든 존재의 관계가 그렇다. 이기적인 탐욕으로 자연을 파괴한 과보는 우리 모두에게 돌아온다. 축하 화초로 애용되는 난초는 인공으로 재배한 것이다. 인간의 무분별한 채취로 풍란은 야생에서는 거의 절멸한 것으로 알려져 있다. 그래서 풍란은 멸종 위기에 놓인 야생 생물 1호로 지정되었다.

《법구경》에 이런 구절이 있다. "꽃가루를 채집하는 꿀벌과 같이 인간은 자연을 이용해야 한다. 꿀벌이 꽃가루를 취할 때 꽃의 아름다움이나 향기를 다치는 일이 없다. 이렇듯 인간도 자연의 풍요로움이나 아름다움을 오염시키거나 자연의 회복력과 활력소를 빼앗아서도 안 된다." 오늘날 환경 파괴로 인한 위기를 천안통으로 예견한 듯한 부처의 경고이다. 그것도 거의 2600년 전에 한 말이라니 참으로 놀라울 따름이다.

아무리 찾아다녀도 난초꽃의 향기를 맡을 수 없는 벌과 나비의 마음은 어떨까? 화훼상의 온실에서, 아파트의 베란다에서 오지 않는 벌을 기다리는 난초의 마음은 또 어떨까? 향기를 뿜어 나비, 벌들과 함께 법계연기와 존재의 위대한 연쇄의 한 고리를 유지해 왔던 난초. 인간들 중에도 보기 힘든 군자라는 상찬을 듣는 고격의 화초. 풍란은 인간의 탐욕 때문에 야생에서의 삶의 터전을 잃었다. 난초 향은 이제 거의 온실이나 가정에서만 즐길 수 있게 되었다. 환경부가 늦게나마 멸종 위기에 놓인 자생 풍란 복원 사업을 진행해 오고 있다. 다행히 국립공원의 자생지에서 풍란을 복원하는 데 어느 정도 성공을 거두고 있다고 한다.

수분을 위한 난초의 발향(發香), 향기 주위로 잉잉거리는 벌들의 비행, 꽃의 아름다움과 향기를 다치는 일이 없이 자연을 이용하는 인간…. 이것이 난군자(蘭君子)와 인군자(人君子), 난향(蘭香)과 인향(人香), 인간과 꽃과 벌이 어우러져 하나가 되는 조화로운 생태계이다. 이런 세상이 실현될 때 김부식의 〈임진강(臨津江)〉도 새로운 차원에서 음미할 수 있겠다. 난향은 임 그리는 시정(詩情)을 넘어 법계연기의 한 고리로서 그 향기를 사랑하는 이들의 몸과 마음속으로 배어든다. 그리고 봐주는 사람이 없다고 향기를 피우지 않는 법이 없는 난초는 이미 고결한 품격을 지닌 군자가 되지 않았는가.

낙엽

　우체국에 갔다가 돌아오는 길에 산책로를 걷고 있었다. 참나무 잎 하나가 이리저리 곡선을 그리며 날아 내려와 얼굴을 스치며 땅에 떨어진다. 가을이 보내는 편지이다. 우체국에서 편지 한 통을 보내고 곧 다른 편지를 받은 것이다. 옛 시인의 시에 이런 구절이 있지. "가을바람 소식 전하니 나뭇잎이 먼저 아는구나.(秋風有信葉先知)" 땅에 떨어진 나뭇잎을 주워 들어본다. 곱게 물든 단풍이 햇빛에 반짝인다. 앞쪽도 보고 뒤쪽도 본다. 낙엽에 물어본다. '너는 무슨 소식을 전하러 왔니?'

　가을이 오면 잎은 나무를 떠난다. 그러나 그것은 영원한 이별은 아니다. 떨어진 잎이 어디로 가 있는지 보면 안다. 잎은 얼마 동안 여행을 마치고 자신의 고향인 뿌리로 돌아간다. 역설 같지만, 나무는 자신에게 주기 위해 잎을 버린다. 낙엽은 영양분이 되어 뿌리로 들어가고 그렇게 자란 나무가 나이테 하나를 더 늘리게 된다.

그러므로 버려진 잎의 역설이 진실임을 알 수 있다. 이별이 곧 재회이기 때문이다.

 가을에 새로운 여행을 시작한 낙엽을 바라본다. 나무가 잎을 버리는 것은 자신을 위한 것이다. 삭풍에 흔들리지 않고 겨우내 살아갈 양식을 소비할 식구를 줄이기 위해 나무는 잎을 버린다. 잎이 져서 줄기와 가지만 남은 앙상한 나무는 겨울에 칼바람이 지나가도 흔들리지 않고 생존할 수 있다. 늦가을에 기온이 떨어지면 나무도 인간과 마찬가지로 월동 준비에 들어간다.

 가을이 겨울로 접어들면 일광 시간이 짧아진다. 뿌리도 수분을 빨아올리는 힘이 약해져 잎은 광합성을 하지 못한다. 광합성은 햇볕, 물과 이산화탄소를 재료로 포도당과 산소를 만드는 작용이다. 늦가을이 되면 나무는 광합성을 통해 만들던 양분을 못 만들고, 부족한 물을 소모하는 잎을 떨구어낸다. 잎이 가지에 붙어 있던 자리에 떨켜라는 막이 생겨 잎은 수분을 공급받지 못하고 말라서 떨어진다. 나무는 대사 작용을 줄이고 생존을 위해 꼭 필요한 데만 수분과 양분을 사용한다. 수분 공급을 받지 못하는 잎에 있는 엽록소에도 녹색이 서서히 사라지게 된다. 그 대신 여름 동안 엽록소의 녹색에 가려 자신의 색깔을 드러내지 못하던 색소들이 모습을 나타낸다. 붉은색, 노란색, 갈색, 주황색 등 여러 색깔이 잎에 드러난다. 이 색소들이 울긋불긋한 단풍잎을 만들어 화려하게 허공을 장식한다.

 사람도 자신이 알지 못했던 잠재력을 시간이 지나서야 발견하는 경우가 많다. 이 잠재력을 끌어내어 한 단계 더 성장할 수 있음을 나무와 잎은 보여준다. 또 잎이 녹색을 버리고 고운 단풍을 드러내는 것은 남을 위해 자신을 희생할 때 고귀한 이름을 얻는 사람과 유사하다.

단풍잎이 지면 나무는 알몸으로 긴 겨울을 보낸다. 살을 에는 찬 바람과 눈보라를 온몸으로 맞으며 견뎌낸다. 병충해로 상처를 입었거나 힘없는 가지들은 강풍을 견디지 못하고 부러져 날아간다. 나무는 찬 서리, 눈, 그리고 비가 얼어붙은 얼음 때문에 껍질이 찢겨지고 갈라지는 상처를 입기도 한다.

나무가 혹독한 겨울을 나는 동안 나무를 떠난 낙엽은 어떻게 되었을까? 대지에 떨어진 낙엽은 흙 속의 미생물에 의해 분해되어 토양을 비옥하게 만든다. 이렇게 토양에 섞인 낙엽은 자신이 떨어졌던 나무의 뿌리로 들어가 나무를 키우는 영양분이 된다. 낙엽은 뿌리를 통해 들어가 나무의 생명 활동의 순환 주기를 시작한다. 내가 사는 아파트에는 산책로를 따라 활엽수들이 늘어서 있는 흙 지대가 있다. 여기를 지날 때는 여름에도 낙엽이 부패하며 토양 속에 분해되는 냄새가 난다. 낙엽을 태울 때 나는 냄새와 비슷한데 전혀 거부감이 없는 냄새이다. 아스팔트와 벽돌로 덮인 도시에서도 자연의 내음을 맡을 수 있다니! 늦가을에서 겨울로 접어들 때 나무는 나무대로 낙엽은 낙엽대로 생명체의 순환 수기에 따라 월동 준비를 하고 긴 겨울을 견뎌낸다. 봄이 오면 새잎이 싹트고 여름에는 그 잎이 무성하게 자라난다. 동시에 새로운 가지를 키워 성장한다.

그리고 가을이 오면 또 월동 준비에 들어간다.

  낙엽이 분해되어 자신이 떠났던 나무의 뿌리로만 들어가는 것은 아니다. 주변에 선 다른 나무의 뿌리로도 들어간다. 마찬가지로 주변의 나무에서 떨어졌던 낙엽도 옆에 선 나무의 뿌리로 들어간다. 이렇게 되면 나무 한 그루에 오직 나만이 존재하는 것이 아니라 여러 나무, 모든 나무가 존재하게 된다. 나와 남이 다르지 않은 자타불이가 되는 것이다. 나무끼리만 하나로 연결된 것은 아니다. 나무는 인간과도 연결되어 있다. 광합성을 할 때 잎이 방출하는 산소를 인간이 마시고, 인간이 내쉬는 이산화탄소를 잎이 빨아들여 광합성을 하는 데 사용한다.

  지금 솔잎 향을 안고 솔밭 사이를 지나오는 한 줄기 바람을 마신다. 이 바람은 십 년 전 내 허파에서 나온 날숨이 지구의 반대쪽 아마존의 열대 우림을 지나 내 가슴 속으로 귀향한 것이 아닌가? 나무와 인간도 동떨어진 별개의 존재가 아니라 생명 활동으로 연결된 하나이다. 인간들끼리도 마찬가지이다. 오늘 점심때 먹은 밥 한 공기가 나의 식탁에 오기까지 얼마나 많은 단계를 거쳤는가. 수많은 사람의 수고와 노력뿐만 아니라 물, 햇볕, 비, 바람 등 여러 자연조건의 도움으로 나에게 온 것이다. 쌀 한 톨을 통해서도 인간은 서로가 연결된 고리 속에 존재하고 있음을 알 수 있다. 나무와 나무, 나무와 인간, 인간과 인간은 서로 연결된 하나이다. 모든 존재가 그렇다. 이것을 가르쳐 주기 위해 낙엽이 내 앞에 내려와 떨어진 것일까?

낙엽을 밟으며 걷는 것은 낭만적이다. 그러면서도 사람들은 조락을 보며 우수에 젖기도 한다. 단풍의 아름다움에 경탄하면서도 만추의 애상을 느끼기도 한다. 그러나 정작 나무와 낙엽은 가을을 슬퍼하지 않는다. 그들은 다시 만날 것을 알기 때문이다. '도인은 가을을 슬퍼하지 않는 나그네(道人不是悲秋客)'라고 한다. 11세기 북송(北宋)의 성리학자 정호(程顥)의 시 〈제회남사(題淮南寺)〉에 있는 구절이다. 이 시구에 비추어 보면 나무는 도를 깨친 것 같은데 인간은 여전히 가을을 슬퍼한다. 잎은 잠시 고향을 떠나 타향살이를 하다가 다시 고향으로 돌아온다. 이 여행을 통해 나무는 한 마디 더 성장한다. 나무의 그늘은 더 넓고 더 짙어지고, 열매는 더 풍성해진다.

나무는 더 많은 사람이 자신의 그늘에 쉬고 열매를 먹도록 베푼다. 잎이 나뭇가지에 계속 붙어 있다면 어떨까? 나무는 자랄 수 없다. 떨어지기에 성장하는 것이다. 낙엽이 지는 것은 무상한 것이다. 그러나 나무는 무상이 동시에 축복임을 아는 것 아닌가. 잎을 떨구기 전 나무는 아름다운 단풍을 연출한다. 사람들은 예쁜 단풍에 감탄할 뿐만 아니라 낙엽을 통해 나무의 지혜를 발견한다.

여름에 폭풍우가 몰아칠 때 나무는 가지가 찢겨나가고 뿌리가 드러날 정도로 쓰러지기도 한다. 매서운 겨울바람이 앙상한 가지마저 꺾어버리기도 한다. 그것뿐만이 아니다. 병중해로 줄기나 가지, 잎 할 것 없이 전신에 상처를 입기도 한다. 나무도 인간처럼 이런저런 고통을 겪으며 상처를 안고 살아간다. 나무는 길가에, 산에,

들판에 서서 그냥 저절로 살아가는 줄 알았는데. 그들이 춘하추동 사계절을 지나며 나이테 하나를 더한다는 게 예사로운 일이 아니다. 나무에 깊게 파인 상처를 보면 성장하며 겪었을 고통이 생각나 안쓰러운 마음에 어루만져 본다. 가만히 보면 줄기나 가지나 잎에 상처 없는 나무가 없다. 얼마나 아팠을까 생각하면 연민의 정이 든다. 아프다고 신음하거나 아우성치지 않고 꿋꿋이 서 있는 모습을 보면 대견스럽기도 하다. 저 나무 한 그루가 나보다 낫다는 생각에 외경심이 들기도 한다.

　나무가 잎을 버릴 때 말없이 인간에게 가르쳐 주는 것이 있다. 사람에게도 버리는 것이 곧 자기에게 주는 일이란 것을. 내 것이라 붙잡고 있는 것을 놓아야 사람도 나이테 하나를 보탤 수 있다고 나무는 보여준다. 집착의 대상이 물질이든 고정 관념이든 그것을 놓아야 나무를 떠난 낙엽처럼 걸림 없는 자유를 얻을 수 있다고. 지금까지 살아온 길을 돌아보며 자신에게 묻는다. 그대는 내 것이라 움켜쥐고 놓아본 적이 있었던가? 진정한 자유를 누려본 적이 있었던가? 나는 자유인인 줄 알고 있었는데 실상은 욕망과 성냄, 어리석음의 그물에 갇힌 새가 아니었던가?

삶이 그대를 속일지라도

삶이 그대를 속일지라도
슬퍼하거나 노여워하지 말라.

러시아의 대문호인 알렉산드르 푸시킨이 1825년에 쓴 시의 첫 두 행이다. 이 시의 제목은 시의 첫 행과 같은 〈삶이 그대를 속일지라도〉이다. 이 시를 처음 본 것은 1970년 전후인 초등학교 2학년쯤으로 짐작된다.

나의 고향은 안동군 풍산면이다. 현재의 행정 구역으로는 안동시 풍산읍이다. 당시 풍산면에는 이발소가 하나 있었는데 한쪽 벽에 이 시가 쓰인 액자가 걸려 있었다. 푸시킨의 시는 풍경화를 배경으로 하고 있었다. 지금 생각하면 그 풍경화는 미국 태생의 서양화가 밥 로스(Robert Norman Ross)의 그림을 연상하게 했다. 시골의 이름 없는 이발소에 걸린 140여 년 전에 쓴 외국인의 시 액자.

이는 어울리지 않은 조합일 수 있으나 희귀한 모습은 아니었다. 당시에는 웬만한 지역 이발소에 가면 쉽게 볼 수 있는 시였다. 이발소뿐만이 아니었다. 공단의 작업실, 버스 안, 중국집 등에도 이 시가 걸려 있었다고 한다.

슬픔의 날 참고 견디면
기쁨의 날이 오리니
마음은 미래에 살고
현재는 늘 슬픈 것
모든 것은 순간에 지나가고
지나간 것은 다시 그리워지나니

이것이 이어지는 시의 전부이다. 이 시는 푸시킨이 유배 생활을 하던 20대에 지은 것이라고 한다. 고통과 좌절의 시기에 자신을 위로하며 희망을 잃지 않으려는 시인의 마음이 담겨 있다. 이 시는 일제 강점기 말년과 해방 전후에 우리나라에서 처음 유행했다고 한다. 이어서 1960, 1970년대 산업화 시대에 국민의 사랑을 받았다고 한다. 시골의 이발소에서도 걸어놓을 정도면 가히 국민시 수준의 인기를 누렸다고 하겠다.

일제 강점기와 해방 전후 시기는 우리 민족에게는 역사의 암흑기였다. 질곡의 시대가 채 끝나기도 전에 한국전쟁이란 대참화가 온 국민을 모진 고통과 시련 속으로 내동댕이쳤다. 식민 지배와 해방 공간의 혼란, 전쟁으로 이어지는 고난의 시기에 국민들은 이 짧은 시 속에서 위안을 찾았을 것이다. 그러다가 산업화 시대가 열렸다. 타국의 시인이 쓴 시를 읊으며 한국인들은 또 힘든 현실을 인내하면 밝은 미래가 올 것이라는 희망을 꿈꾸었다.

〈삶이 그대를 속일지라도〉는 푸시킨이 고난의 시기를 견뎌내며 희망의 미래를 염원하며 쓴 시이다. 식민 지배와 전란이란 역사의 가시밭길을 지나오며 한국인들은 푸시킨의 불행했던 개인사에서 자신들의 자화상을 발견한 것으로 보인다. 푸시킨의 시가 한국인의 심금을 울리던 시절은 고통의 세월을 참으며 허리띠를 졸라매고 밝은 미래를 향해 매진하던 시기였다. 그의 시는 암울한 역사의 밤에 나타난 희망의 등대였다. 2013년에는 서울시 소공동에 푸시킨의 동상이 세워졌다. 러시아 작가동맹이 증정한 이 동상에도 그의 시가 새겨져 있으니 푸시킨과 한국의 인연은 깊다. 그뿐만이 아니다. 2015년에는 가사가 푸시킨의 원시와는 조금 다르지만 〈삶이 그대를 속일지라도〉라는 노래까지 등장했다. 과거에 비해 생활은 풍요로워졌지만, 외국인의 시 한 수에서 아직도 위로와 희망을 찾는 이들이 있다는 증표이다.

식민 지배와 해방 그리고 동족상잔의 전쟁을 겪은 세대들은 이전 세대들이 보지 못한 새로운 역사의 물결을 경험하게 된다. 농경 사회에서 태어나 매서운 역사의 칼바람을 맞으며 삶을 개척해야 했다. "삶이 그대를 속일지라도 … 슬픔의 날 참고 견디면 기쁨의 날이 오리니"라는 굳건한 믿음으로 고난과 시련을 버텨냈다. 그 결과 아침밥과 저녁 죽, 즉 조반석죽(朝飯夕粥)이 어렵던 시대를 끝내고 굶을 걱정이 없는 사회를 일구어냈다.

1950년대 초의 한국은 농업 사회였다. 60, 70, 80년대 30여 년 동안 산업화가 진전되면서 한국은 농업 중심 사회에서 공업 사회로 이행한다. 60년대에 산업화가 시작되면서 국력을 결집하던 구호는 〈잘살아 보세〉라는 노래였다. 그 후 1970년에 새마을 운동이 시작되었다. "새벽종이 울렸네 새아침이 밝았네"로 시작되는 〈새마을 노래〉도 〈잘살아 보세〉처럼 우리도 한번 잘살아 보자는 목표의 실현을 독려하는 노래였다. 이 두 노래는 출현한 시기는 달라도 60, 70년대 산업화 시대의 상징 구호였다. 보릿고개에 허덕이던 국민들의 염원은 절대 빈곤으로부터의 탈출이었다. 이 두 노래는 당시 방송 매체는 물론이고 전국 어느 곳에 가도 들을 수 있었다. 당시의 시대정신을 대변하는 노래였다.

이들 노래에 이어 나타난 구호가 "하면 된다"와 "안 되면 되게 하라"는 것이었다. "하면 된다"는 구호는 80년대에 미국의 한 시사 주간지에 'Can Do Spirit'로 소개되기도 했다. 목표 달성을 위한 강인한 의지와 특수 부대의 돌격 정신을 담은 구호였다. 이 전투적 구호들이 고성장 시대의 견인차 역할을 했다. 군부 독재 정권하에 유행하던 "하면 된다"는 1990년대 초에 문민정부가 들어서면서 새로운 것으로 바뀌게 된다. 이 시기는 정치적 민주화와 함께 인터넷이 확산되던 무렵이었다.

당시 필자는 KBS 국제방송국에서 프로듀서로 근무하고 있었다.

국제방송이 KBS 내에서 제일 먼저 인터넷 서비스를 시작했다. 그때가 1997년이었다. 칸막이를 해놓은 사무실 한구석에 장비를 들여놓고 인터넷 방송을 개시했다. 그 시절을 생각하면 지금도 잊을 수 없는 한 장면이 있다. 인터넷 방송 담당자가 벽에 걸어놓은 글귀이다. A4 용지 네 장에 인쇄해 놓은 글귀는 이러했다. "다한면되" 이 네 글자를 용지 한 장에 한 글자씩 집채만 하게 인쇄해서 띄엄띄엄 들쭉날쭉 붙여 놓았다. 대체 저게 무슨 소리지 하는 생각이 들었다. 다한면되? 이것이 "되면 한다"라는 것임을 이해하는 데 한참 걸렸다. "하면 된다"와 정면으로 충돌하는 신세대의 사고를 그대로 보여주는 것이었다. 이전 세대들과는 다른 변화된 가치관을 상징하는 사자(四字) 선언문이었다. 불굴의 정신과 돌파 생존을 강조하는 "하면 된다"와 "안 되면 되게 하라"는 시대와의 결별을 담은 네 글자였다. 글쓰기 순서도 오른쪽에서 시작하여 이전 세대와 차별화된 가치를 부각했다.

물론 방송국의 일개 인터넷 담당자가 붙여 놓은 짧은 글귀에 과도한 의미를 부여할 수는 없다. 그러나 그것은 시대정신의 변화를 담은 작지만 큰 상징적 문구였다. 거시적으로 보면 그것은 집단주의에 기초한 군부 독재와 권위주의에서 민주주의와 개인주의로 나아가는 역사의 흐름과 일치했다. 아울러 효율성과 합리주의를 신봉하는 신세대의 부상을 보여주었고 인터넷 정보화 시대와 디지털 혁명의 도래를 알리는 소리 없는 나팔 소리였다. 이름하여 3차 산업 혁명이다. 또 한국이 권위주의 정권이 주도하는 집단적 구호가 사라진 시대로 진입했음을 보여주는 작은 '사건'이었다. 그리고 현재 진행 중인 4차 산업 혁명. 인공지능과 가상 현실, 로봇 공학 같은 혁신적 기술이 삶의 방식을 획기적으로 바꾸는 시대가 도래했다. 신기술이 가져올 변화가 어떤 것일지 가늠하기 힘들다.

한국에서는 1955년부터 1963년 사이에 태어난 사람들을 베이비붐 세대라고 부른다. 이들은 농경 사회에 태어나서 어린 시절을 보내고 성인이 되면서 산업화 시대를 살았다. 중년이 되며 인터넷 디지털 혁명 시대를 맞이했다. 중년을 지날 무렵에는 인공지능이 주도하는 4차 산업 혁명의 물결을 보고 있다. 아직 끝나지도 않은 자신의 일생 동안 한 세대가 농경시대, 산업화 시대, 인터넷 디지털 혁명 시대를 겪었고 이제 4차 산업 혁명 시대를 경험하고 있다. 한 세대가 일생 동안 이렇게 많은 혁명적 변화를 경험한 것은 유사 이래 없었던 일이다.

연구자들에 따르면 농경은 약 1만 년 전인 신석기 시대에 시작되었다고 한다. 구석기 시대 경제는 수렵 및 채집에 의존하였다. 신석기 시대는 농업이나 목축이 중심이 되는 경제가 시작된 혁명적 전환기였다. 증기 기관과 기계화로 대표되는 1차 산업 혁명이 1784년 영국에서 시작되었다. 그러니 대충 잡아도 인류는 약 9천 7, 8백 년 동안 농경 사회에서 살아온 것이다. 한국의 베이비붐 세대는 거의 1만 년 동안 이어져 오던 농경 중심 사회에서 태어났다. 이어서 산업화, 디지털 혁명, 4차 산업 혁명을 맞이했다. 이 세대는 백년도 안 되는 기간에 이런 거대한 역사적 변동을 차례대로 경험했다. 인간의 수명이 연장되어 백 세 시대가 도래했다고 하니 앞으로 또 어떤 기술 혁명을 경험할지 알 수 없다. 가속화되는 기술 발전의 속도를 보면 이 세대는 5차 산업 혁명도 볼 가능성이 있다.

이런 연이은 기술 혁명은 경제와 사회뿐만 아니라 개인의 삶의 방식에도 큰 변화를 가져왔다. 농경시대나 산업화 시대에는 그래도 어른의 인생 경험과 지혜가 존중받던 시대였다. 그러나 3차, 4차 산업 혁명 시대에는 어른이 축적한 삶의 경험과 방식이 대개 쓸모없는 시대가 되었다. 어른도 젊은 세대의 3차, 4차 산업 혁명 지식을 배우지 않으면 인생 낙오자가 될 처지가 되었다. 자칫하면 할 수 있는 것이 없는 뒷방 늙은이로 밀려나게 된다.

농경시대와 산업화 시대에는 하나의 기술만 있으면 평생 먹고 살 수 있었다. 〈잘살아 보세〉란 노래가 제시한 목표를 향해 매진하면 먹고 사는 데 별문제가 없었다. 그러나 3차, 4차 산업 혁명 시대는 하나의 기술로 평생을 살 수 없는 시대이다. 이 시대는 국가가 개인의 삶의 길을 제시하는 구호가 없는 시대이다. 각개 약진과 스스로 판단해서 행동하는 자율 주행의 시대이다. 얼마 전까지만 해도 상상조차 하지 못했던 것들을 인공지능(AI)이 가능하게 만드는 시대이다.

AI는 이미 우리의 생활 속에 깊이 들어와 있다. AI가 바둑왕으로 등극한 것은 오래전이고 몇 시간 안에 소설 한 권을 뚝딱 써내는 시대가 되었다. 사물 인터넷(IoT), 의료, 바이오산업, 스마트 공장 등 사회의 많은 분야에 기술 혁신이 이루어지고 있다. 인간 생활은 더 편리해지고 생산성은 더 높아지고 있다. 사람들은 AI가 지금까지 해결하지 못한 많은 문제를 해결할 것이라는 희망에 부풀어 있다. 인간의 행복 지수가 높아질 것이라는 낙관적인 기대도 있다. 그러나 AI가 가져올 변화는 모두 장밋빛인 것만은 아니다. 인간이 하던 일을 인공지능 로봇이 대체하며 여기저기에서 실업자가 증가할 것이다. AI의 활용으로 인한 실업자의 증가는 이미 시작되었다. 투자 은행 골드만 삭스의 보고서는 AI가 3억 개의 풀타임 직업을 대체할 것이라고 전망했다. 이것은 엄청난 사회 문제를 낳을 것이다. 윤리, 도덕적 문제도 간과할 수 없다. 딥러닝(deep learning)과 강인공지능(strong AI), 초지능(superintelligence)이 사회에 미칠 부정적 영향에 대한 우려도 제기되고 있다. 심지어 인공지능에 인간이 종속될 가능성이 거론되기도 한다. 프랑켄슈타인이 현실화될지도 모른다는 것이다.

2023년 5월 AI의 대부로 불리는 제프리 힌튼 토론토 대학교수가 구글 부사장직에서 사퇴했다. 사퇴 이유는 AI의 위험성이 생각보다 더 심각하여 앞으로 이것을 알리기 위해서라고 했다. 또 자신이 평생 연구한 AI 연구에 대해서도 후회한다고 했다. 딥러닝의 발명가이며 최고의 AI 과학자가 던진 이 말은 AI가 가져올 미래 사회에 대한 불안한 조짐이 아닐 수 없다. 또 수십 명의 AI 업계 지도자, 학자, 일부 유명 인사들이 2023년 5월 중요한 성명을 발표했다. 성명은 AI로 인한 인류 멸종의 위협이 전 세계적으로 최우선 순위가 되어야 한다고 말했다. 이어서 인공지능으로 인한 전 세계적인 전멸 위험을 줄일 것을 요구했다.

푸시킨의 시 〈삶이 그대를 속일지라도〉는 비관 속에서 낙관, 고통 속에서 희망을 찾는 문학의 처방전이었다. AI가 가져올 미래가 유토피아일지 디스토피아일지 기대와 우려가 교차한다. 4차 산업 혁명은 인류의 삶을 어떻게 바꾸어 나갈까? 이것도 AI에게 물어봐야 할까? 4차 산업 혁명이 변화시킬 세상은 긍정적이든 부정적이든 분명 놀라운 모습일 것이다. 여론조사에 의하면 응답자의 57퍼센트는 정부나 관련 민간 기업들이 인공지능으로 인해 발생할 수 있는 문제에 대한 준비를 잘하지 못하고 있다고 답했다. 디스토피아의 도래를 막아야 할 숙제가 인류 앞에 놓여 있다. 새로운 기술 혁명이 펼쳐놓을 미래가 현실화되었을 때 우리 모두 행복의 노래를 부르게 되길 희망한다.

삶은 그대를 속이지 않나니
슬퍼하거나 노여워할 일 어디 있으랴.

옥잠화

내가 사는 아파트 옆에 있는 우장산 근린공원 산책로에는 예전에는 이름도 모양도 몰랐던 여러 종류의 화초들이 자라고 있다. 구청 공원 관리과에서 화초마다 이름과 개화 시기 그리고 꽃 사진까지 담은 안내판을 설치해 놓았다. 나 같은 사람들이 알아보게 하려는 배려가 고맙다.

8월 어느 날 저녁 식사 후 산책하다가 코를 찌르는 진한 향기에 놀랐다. 옥잠화 꽃에서 나오는 향기였다. 긴 꽃대 끝에 여러 개의 꽃이 나팔같이 쭉쭉 뻗어 나와 마치 향기를 뿜어내는 듯하였다. 꽃은 석양에 만개하고 다음 날 아침에 진다고 하니 밤에 피는 꽃이다. 밤에 피는 꽃이라. 진한 향기만 아니라면 금의야행(錦衣夜行)이 될 뻔한 꽃. 그래서 꽃말도 조용한 사랑이라나. 몰래 한 사랑이란 말이 더 어울릴 것 같은데. 어쨌든 만물이 잠든 시간에 꽃을 피우니 참 특이한 화초이다. 백설같이 하얀 꽃들이 무리 지어 피어 맑고 진한 향기를 일시에 토해낸다. 향기가 없다면 주목받지 못했을 존재가 지나가는 발걸음을 붙잡는다. 맑은 향기가 얼마나 진한지 영어 이름도 '프래이그런트 플랜튼 릴리(fragrant plantain lily)'라고 하여 향기롭다(fragrant)는 단어가 들어 있다. 흐으음…, 가슴 깊이 향기를 들이마신다. 소박한 흰 꽃에 이리 진한 향을 숨기고 있었다니. 향기는 달콤상큼하고 강렬하다. 흰 눈이 내린 것 같은 색깔은 달밤의 고요 속에 보면 최고의 심미적인 분위기를 자아낸다.

옥잠화(玉簪花)라는 이름은 꽃 모양이 옥비녀 같아서 지은 것이라 한다. 그러고 보니 옛날 귀부인들이 머리를 장식하던 비녀와 닮았다. 옥잠화에는 다음과 같은 전설이 있다고 한다.

옛날 중국에 피리의 명인이 살고 있었는데 어느 여름날 밤 피리를 불고 있었단다. 아름다운 피리 소리에 매료된 선녀가 달나라 공주를 위해 앙코르를 청했다. 그 연주에 대한 감사 표시로 선녀가 자신의 옥비녀를 주었는데 피리의 명인이 받지 못하고 땅에 떨어져 깨지고 말았다. 옥비녀가 떨어진 자리에 흰 꽃이 피어났는데 그 꽃봉오리가 선녀의 옥비녀와 비슷하여 그 꽃을 옥잠화라고 불렀다고 한다.

이 전설에 의하면 옥잠화는 선녀가 보낸 천상의 꽃이다. 그래서일까. 옥잠화에는 여름밤에 흰 눈이 내렸나 착각할 정도로 순결하고 우아한 기품이 있다. 나팔같이 쭈욱 뻗은 모양은 목련과는 다르지만, 눈처럼 희고 순결함은 목련에 못지않다. 순결함만 보자면 '밤의 목련'이라 불러도 손색이 없다. 밝은 낮에 피어 나보란 듯이 붉은 정염을 토해내는 화려한 장미나 철쭉, 영산홍에 비하면 '은둔의 꽃'이다. 은은한 달빛에 목욕한 후 단이슬 향수를 뿌리고 나온 수줍은 여인 같은 꽃. 옥잠화는 백합과의 꽃으로 8월과 9월에 피어 서양에서는 '8월의 백합(August Lily)'이란 별명을 얻었다. 옥잠화는 잎이 비비추와 비슷하다. 비비추가 잎의 면적이 좁고 긴데 옥잠화는 비비추보다 넓고 둥근 편이다. 푸른색 잎에는 반질반질한 윤이 흘러 관상용으로도 좋다. 물결 같은 엽맥이 좌우로 대칭을 이루며 뻗어나 있어 마치 데칼코마니 같다. 어른의 두 손을 모아도 모자랄 정도로 넉넉한 하트 모양의 잎은 바라만 봐도 시원하다.

옥잠화 꽃이 밤에 피어 농향을 발산하는 것은 나방 같은 야행성 수분 매개 곤충을 끌어들이기 위해서라고 한다. 꽃가루를 옮겨 주는 매개 곤충의 활동 시간에 진한 향기를 뿜어내 종을 보존하려는 전략이라는 것이다. 밤에 산책로를 걷다가 옥잠화의 향기를 만난 것은 예상하지 못했던 행운이다. 인생에도 밤에 피는 옥잠화 꽃 같은 만남이 있다. 겉보기에는 별 매력이 없어 보이는데 숨은 인품의 향기가 있는 사람이 있다. 이런 사람은 평소에는 모르지만 가끔씩 고매한 인품으로 사람들의 이목을 끄는 인격자이다. 낮에는 꽃잎이 닫혀 있다가 밤이 돼야 피는 옥잠화를 닮았다.

옥잠화가 밤에 피어 모습은 보이지 않지만, 향기는 수분 매개자를 부른다. 마찬가지로 인품이 고결한 사람은 자기 자랑 한마디 하지 않아도 남들이 그를 먼저 알아준다. 화향백리(花香百里), 주향천리(酒香千里), 인향만리(人香萬里)라는 말이 있다. 꽃향기는 백 리를,

술 향기는 천 리를, 사람의 향기는 만 리를 간다는 뜻이다. 앞의 두 가지는 과장이 지나친 것이지만 인향만리에서 만 리는 오히려 부족하다. 훌륭한 인물의 명성은 지구 반대편까지 가니 말이다. 만 리는 현대의 단위로는 4천 킬로미터이다. 지구 둘레 한 바퀴가 4만 킬로미터가 넘으니 반대편까지는 적어도 2만 킬로미터이다. 물론 만 리는 천 리의 열 배라는 뜻이지만 아주 먼 거리를 이르는 말로 쓰이기도 한다.

옥잠화는 밤에 피는 꽃이지만 밤새도록 향기를 발산하지는 않는다. 어떤 날은 밤에도 특정한 시간대에는 향기가 없다. 의아한 마음에 코를 꽃에 대고 향기가 있나 없나 한참 동안 냄새를 맡아본다. 그래도 향기는 조금도 없다. 이런 때는 향기를 기대하고 나온 터라 아쉬운 마음이 크다. 더불어 그 이유가 무엇인지 궁금증이 생긴다. 온도, 습도, 비, 바람 등 주변 환경의 변화를 감지하여 향기의 발산 여부를 결정하는 것일까? 향기를 뿜어내도 수분 매개자가 오지 못하는 환경을 알기라도 하는 건가? 한정된 향기를 최적의 환경에서 효과적으로 활용하여 수분을 하고 종을 보존하기 위한 것인지 모르겠다. 바람이 불 때 향기를 내놓으면 날아가 버리니 헛수고가 된다. 이것은 순전히 필자의 추측일 뿐 과학적으로 증명된 사실은 아니다. 화훼 연구 학자들도 아직 이런 문제에 대한 답을 얻지 못한 것으로 안다.

밤에 피는 옥잠화는 상식을 뒤집은 꽃이다. 그리고 자신을 드러내지 않는다. 진한 향기를 지녔으면서도 그것을 자랑하지 않는다.

요즘 SNS를 보면 자기 자랑이 도를 넘는 경우가 많다. 물론 홍보는 필요하지만, 겸양과 예의가 아쉬운 세태에 옥잠화의 품성은 돋보인다. 사향이 있으면 절로 향기로운데 하필 바람 앞에 설 필요가 있으리.(有麝自然香 何必當風立) 이는 중국 송나라 때 야보도천(冶父道川) 선사가 〈금강경〉을 주석하며 한 말이다. 내공이 튼튼한 사람의 처신은 이와 같다. 이런 사람의 향기는 바람을 거슬러 올라가는 힘이 있다. 사람들이 나를 알아주지 않아도 노여워하지 않으면 또한 군자가 아닌가.(人不知而不慍 不亦君子乎) 이는 공자의 말이다. 야보도천이나 공자의 글에서 옥잠화를 떠올리게 된다. 밤에 피어 사람들의 주목을 받지 못하면서도 맑고 진한 향기를 아낌없이 발산하는 꽃의 고귀한 품격을 보기 때문이다.

생물학적 성장 주기를 수분 전략에 맞춰 밤에 꽃이 피는 옥잠화를 보면 오묘한 자연의 섭리를 느낀다. 밤에 피어 주목받지 못하는 대신 깊고 맑은 향기를 가졌으니 자연의 보상이 공평하다. 불공평해 보일 때도 있지만 자세히 보면 세상살이도 대체로 그렇지 않은가? 어둠을 뚫고 고결한 향기를 토해내는 경이로운 꽃 옥잠화! 삶도 사랑도 그런 것이 좋다. 사향을 갖고 있되 굳이 바람 앞에 서지 않는 원숙한 품격 말이다.

인간이 꽃향기를 즐기게 하는 것은 꽃이 의도한 것이 아니다. 수분과 종족 보존이 본래 목적이다. 인간이 꽃향기를 누리는 것은 꽃이 베푸는 덤이다. 덤이라 하여 당연시하거나 감사하지 않는 것은 꽃에 대한 예의가 아니다. 가뭄에도 나는 저에게 물 한 방울 준 적이 없건만 이리도 맑고 깊은 향기를 뿜어 주다니. 옥잠화여, 그대는 누구를 위해 이 밤에 피었는가? 장미의 화려함을 부러워하지도 않고 사람들의 주목도 예찬도 바라지 않는 꽃. 칭찬한다고 우쭐해 하거나 몰라보고 지나쳐도 화내지 않는다. 뿐만 아니라 보는 이에게 대가도 바라지 않는다. 누구를 위해 핀 것이 아니니 어쩌면 당연한 것이겠다. 감사! 옥잠화를 보며 생각해 보는 인간의 예의이다. 예의가 거기에서 그친다면 부족하다. 인공적으로 심어 보존하고 가꾸어 우리의 후손들도 고결한 향기를 누리게 하는 것도 좋다. 그러나 자연 상태에서 자라고 꽃피우도록 생태계를 복원하고 보호하는 것이 예의를 다하는 일이 아닐까 한다.

2부

손님은 어디에서 오셨습니까?

발이 땅을 밟는 경우 밟는 곳은 한 군데이지만 밟지 않는 나머지의 넓은 땅을 믿는 까닭에 사람은 자유로이 움직일 수 있다. 쓸모없는 것이 있어서 쓸모 있는 것이 있다고 말한다. 이것이 무용지용(無用之用)이다.

나의 불쌍한 음치 인생

아버지는 생전에 술 한 잔 잡수시면 가끔 비틀비틀하며 노래를 흥얼흥얼거리셨다. 도대체 노래인지 횡설수설인지 분간할 수 없는 소리였다. "화아앙서어엉 (딸꾹) 예에터에 다리 뜨니 월색만 고오요오오해…." 그런데 아버지가 맨정신으로는 어떤 노래든 부르시는 것을 본 적이 없다. 꼭 술이 들어가야 부르셨는데 노래도 딱 이거 하나뿐이었다. 〈황성옛터〉를 매우 좋아하셨음이 분명하다. 그런데 노래 실력이 꽝이니 당신도 얼마나 답답하셨을꼬. 풍류는 있으셨는데 실력이 안 따라주었으니 말이다. 타고나신 음치셨으니 그것이 안타까웠다. 이보다 더 야속한 건 우리 집안에서 오로지 필자만 아버지의 노래 실력을 그대로 물려받은 것이다.

노래 얘기만 하자면 나는 참으로 불쌍하고 가련한 인간이라 아니할 수 없다. 아버지가 〈황성옛터〉를 부르시던 때가 내가 초등학교 시절이었으니 아버지는 당시 40대였다. 지금 내 나이가 아버지의 그 당시 나이보다 스물이 넘었으니 세월이 화살 같이 지나갔다. 어디 노는 자리에 가면 노래 한 곡 못하는 것은 정말 고역이었다. 술 한잔하면 꼭 2차로 노래방을 가는 이 땅의 음주 문화가 정말 싫었다. 노래를 못하는 데다가 소심한 성격이라 노래시킬까 봐 좌불안석이다. 어떤 때는 불안을 넘어 공포 수준에 근접하니 얼마나 가련한 인간인가. 세상에서 제일 무서운 소리가 노래 한 곡 해 보라는 소리이다.

고향인 시골에서 중학교를 졸업하고 고등학교부터는 대도시에서 다녔다. 고등학교 때 어느 날 삼촌 댁 베란다에서 이용복의 〈잊으라면 잊겠어요〉를 부르고 있었다. 안방에서 그 소리를 들으셨는지 삼촌께서 한말씀하셨다. "자도 형님 닮아 완전 음치쎄"라고. 아무 생각 없이 하신 말씀이 가슴에 못을 박았다. 그 후 노래는 엄두도 못 내게 꺾어버린 말씀이 되었다. 나의 음치 인생에 결정타를 날려준 사건이 또 하나 있다. 고등학교 음악 시간에 있었던 일이다. 아마 2학년 때인 것 같다. 어느 날 음악 시간에 실기 시험을 보게 되었다. 음악 선생님이 칠판 앞 교실 바닥에 분필로 좌우 발 모양을 두 개 그려놓았는데 그것이 무대였다. 학생들이 순서대로 나가 무대에 서서 노래 시험을 보는 것이었다. 평가는 점수를 매기는 것이 아니고 합격 아니면 불합격을 가리는 것이었다. 몇 명이 나가서 노래를 부르고 합격했다.

얼마 안 되어 내 순서가 왔다. 애들이 하나씩 나가서 부르고 내 순서가 가까워 오면서 가슴이 더 두근두근거렸다. 이미 삼촌으로부터 음치 판정을 받은 터라 자신감이 있을 리가 없었다. 겁먹은 채 숨어 있다가 붙잡혀 온 기분으로 무대로 나갔는데 눈앞이 잘 안 보였다. 50명 넘는 아이들의 시선이 모두 나에게 모였다. 그것도 엄청난 부담인데 음악 선생님까지 쳐다보시며 부르라고 하신다. 무슨 노래를 했는지 기억이 안 난다. 너무 긴장한 탓인 것 같다. 아무튼 두 소절도 마치지 못했는데 음악 선생님이 가차 없이 막대기로 교탁을 탁탁 두드리며 불합격을 외치셨다. 탁탁 두드리는 소리가 그날 가장 컸던 것 같다. 아이들이 킥킥거리는 소리를 들으며 자리에 돌아왔다. 한편으로는 비참하고 한편으로는 무서운 고개를 넘었다는 생각에 안도하였다. 나 외에도 불합격한 녀석들이 몇 명 더 있기는 했지만, 우리 반에서 나만큼 최단 시간에 불합격된 애들은 없었다. 아마 십 초 정도 되었을까 모르겠다. 그렇게 해서 피지도 못한 노래의 싹은 완전히 삭풍에 꺾여버렸다. 이것이 그 이후로 노래라면 입도 뻥긋 못하는 불쌍한 인생의 예고편이었다.

  그러나 음치의 탄생을 예고하는, 알려지지 않은 예고편이 훨씬 이전에 있었다. 초등학교 시절 각 반별로 줄을 맞춰 걸어가며 캐스터네츠를 부딪치는 놀이를 했다. 당시에는 캐스터네츠를 '짝짝이'라고 불렀다. 줄을 지어 걸어가며 발과 박자를 맞춰 짝짝이를 부딪쳐야 하는데 그 간단한 것이 안 되었다. 다른 아이들이 짝짝이를 부딪칠 때 가만있고 다른 아이들이 가만있을 때 부딪혀 엇박자가 되니 우리 반 연주(?)는 내가 망쳐버렸다. 음악적 감각이 참으로 꽝이었다.

음치로 살면서 그래도 스트레스 안 받고 산 시절이 군대 생활 할 때였다. 군에는 군가를 부르는데 단체로 합창하지 상관이라도 독창시키는 법이 없었기 때문이다. 회식할 때는 돌아가며 노래시키는 곳도 많았는데 다행히도 내가 있던 부대는 그런 것이 없었다. 몸은 힘들어도 복장은 편했다.

　그로부터 오랜 세월이 흘렀다. 정년퇴직이 얼마 안 남은 때였다. 조계사에서 재가자 수계를 위한 교육을 두 달 동안 받았는데 그중에 찬불가를 배우는 시간이 있었다. 그러나 그것도 문제 될 게 없었다. 수십 명이 같이 배우는데 낮은 소리로 적당히 묻어가면 되기 때문이다. 입만 뻥긋뻥긋하며 표정은 엄숙하고 위의를 경건하게 하면 누가 봐도 훌륭한 찬불가로 여길 것이니 전혀 문제 될 것이 없었다. 설사 입 다물고 있다고 해도 누가 시비를 걸 사람도 없다. 사홍서원 같은 것을 할 때도 절대 튀지 않게 목소리를 낮춰 찬불가 부를 때처럼 다른 사람들한테 묻어가면 된다. 묻어가는 인생이 이럴 때는 구세주이다. 오래전에 어떤 사람이 필자한테 지금 현실성은 없으나 출가하면 좋다고 했다. 현실성이 없다는 말은 나이가 이미 출가 가능 연령을 지났기 때문이다. 이 얘기를 아내에게 했더니 나이가 맞아도 나는 출가는 안 된다고 단언했다. 그 이유는 이러했다. 출가하면 법회, 염불, 독경 등 의식에 참석할 때 목탁을 두드려야 되는데 짝짝이도 못 맞추는 사람이 그게 되겠냐고. 완전 무시해 버리는데도 전혀 기분은 나쁘지 않았다. 하나도 틀린 소리가 아니니 말이다.

목탁도 일반인들은 잘 모르지만 여러 가지가 있어 배워야 할 수 있는 일이다. 굴림목탁, 내림목탁, 올림목탁, 일자목탁, 이자목탁, 붙임목탁, 정근목탁, 맺음목탁, 일박목탁, 끝맺음, 완전맺음 등 용도에 따라 다양하다. 목탁 치는 종류가 이렇게 많은 줄 몰랐다. 그러니 무턱대고 친다고 될 일이 아니다. 그래서 조계사에는 목탁 치는 법을 가르치는 강좌도 있다. 목탁뿐만 아니라 요령 흔드는 것도 목탁과 염송의 특정 시점에 맞추어야 하는데 이것도 음악적 기본 소양이 필요하다.

이 많은 목탁 치는 법은 나 같은 사람에게는 배 없이 강을 건너는 일처럼 보인다. 아침, 저녁 예불 때 하는 경을 외는 송경(誦經)에도 고유의 고저장단이 있는데 불자들은 잘 따라 한다. 그런데 필자는 그것도 잘 안 된다. 아마 먼 전생에 그리스 신화에 나오는 음악의 여신 뮤즈(Muse)에게 큰 죄를 지어 그 과보를 받고 있는 것인지도 모른다.

나에게 제일 무서운 소리는 노래방 가자는 소리였다. 그러나 정년퇴직하고는 사람들과의 약속도 거의 하지 않는지라 문제 될 것이 없었다. 금주한 지도 오래되고 더구나 코로나 때문에 거의 칩거하다시피 몇 년을 보냈으니 노래 때문에 스트레스받을 일은 없었다. 나에게 노래방은 초조, 불안, 스트레스를 주는 장소이다. 어느 해인가 한번은 친척들끼리 점심 식사하고 노래방에 갔는데 아내만 들여보낸 적이 있다. 나는 밖에서 할 일 없이 배회하다가 차에서 일행이 나올 때까지 대기하다가 온 적이 있다.

친구들이나 직장 동료들이 노래방 가자는 소리를 하면 초 치는 소리를 한다. 회식을 하면 됐지 2차 노래방은 도대체 왜 가는 거냐. 세상 변한 줄 모르니 꼰대 소리 듣는 거 아니냐. 집에서 기다리는 가족들한테 빨리 가야지. 술 먹고 집에 늦게 들어가니 아내가 싫어하고 가정불화가 발생하지 않느냐. 심지어 가정불화가 이혼으로 연결되기도 하는 거 아니냐고 일갈하며 이 땅의 잘못된 음주 문화를 개탄해 마지않는다. 이때는 훌륭한 가장처럼 큰소리를 치지만 이미 반주를 곁들여 거나하게 분위기가 오른 인간들에게는 씨알도 안 먹히는 헛소리일 뿐이다. "미국 애들은 이런 짓 안 해. 이게 대체 뭐냐?" 알지도 못하는 미국 국민까지 동원하여 재삼 일갈하나 내 얘기는 태풍에 날아가는 불쌍한 나뭇잎 꼴이다. "노래도 못하는 것들이 노래방은 무슨. 너희들끼리 가라." 그리고 너무 늦지 않게 들어가라고 어른이 아이들에게 하듯 당부도 잊지 않는다. 이럴 때는 영판 철없는 아이들 걱정하는 부모 같다. 싫은 것도 피하고 어른 노릇도 하니 일거양득이다. 이렇게 나는 간다 하고 헤어질 때도 있지만 정말 예의상 빠질 수 없는 경우에는 정말 괴롭다. 직장 상사가 가자고 바람 잡으면 곱다시 따라가는 수밖에 다른 도리가 없다.

음치라고 해서 다 나같이 불안해하고 스트레스받는 것은 아니다. 나의 가까운 친구 A는 노래 실력이 하급이다. 그는 필자 수준의 음치이긴 하나 되지도 않는 노래를 끝까지 부른다. 노래라고 부르는데 음정과 박자도 안 맞는다. 사실 음정과 박자가 안 맞는지 나는 모른다. 주변의 반응을 보고 그렇게 짐작한다. 어쨌든 A는 숫기가 있어 노래가 이상하지만, 재미가 있어 좌중을 웃기는 재주가 있다. 그래서 오히려 노래깨나 하는 사람이 부르는 노래보다 주변을 즐겁게 한다. 같은 음치인데 부러울 따름이다. 나도 A처럼 숫기도 있고 음치를 부끄러워하지 않는 용기라도 있다면 좋으련만. 그러면 음치 인생의 가련함을 면할 수도 있을 텐데 말이다.

 술자리에서 내 노래 순서가 가까워 오면 가슴이 울렁거리고 불안이 쓰나미로 덮쳐 온다. 이럴 때는 화장실 핑계 대고 도망치는 게 제일이다. 손자병법의 36계가 여기서도 통한다. 그러나 마냥 나와 있을 수는 없는 일. 주위에서 "너는 술도 안 먹었는데 화장실이 벌써 몇 번째냐. 한 곡 해라" 하고 노래책을 던져주면 이것은 탈출 불능의 막다른 골목이다. 반주 도우미에게 구원 요청을 하고 못 마시는 술을 연거푸 서너 잔 털어 넣는다. 술도 한 잔만 마시면 얼굴이 홍시처럼 붉게 달아오르는데 그냥 마셔버린다. 취하면 불안도 다소 잊고 없는 용기도 충전할 수 있기 때문이다. 노래는 처음 시작할 때 한 두어 마디 따라 부르는 듯 마는 듯하다가 제자리로 슬쩍 돌아오면 그것으로 땜질한 것이 된다. 이때가 안도의 시간이다.

 그러나 노래 때문에 불안, 공포, 스트레스 속에서 산 것만은 아니다. 공격이 최선의 방어라는 것을 활용하여 곤란한 지경을 벗어난 적도 있다. 노래방이나 단란주점에 마지못해 동행하면 친구들끼리 술잔과 노래가 논다. 그리고 나면 어김없이 나에게 한 곡 하라고 반갑잖은 청을 한다. 바로 이때 점잖게 한마디 한다. "군자의 길은 애시호문(愛詩好文, 시를 사랑하고 글을 좋아함)하고 구세제민(救世

濟民, 어지러운 세상을 구원하고 고통받는 백성을 구제함)에 있거늘 어찌 가무음곡(歌舞音曲, 노래와 춤과 음악)에나 빠져 허송세월하겠는가. 마땅히 부끄러워해야 할 것이다." 일부러 알아듣지도 못하는 문자를 섞어 대갈일성 하여 기선을 제압한다. 일단 눌러놓고 나서 지금 시국이 어떤데 음주가무에 빠져 있을 때인가 하고 좌우 연타를 날린다. 우국지사나 호국의 기수가 따로 없다. 당시에 있었던 북한의 무장공비 침투와 안보 위협까지 들먹이면 친구 녀석들은 나를 구제 불능으로 간주하여 완전 열외시켜 버린다. 그러면 "뭔 헛소리 지껄이노, 잘났어" 하며 비아냥거린다. 그렇다고 여기에서 그치면 안 된다. 앞서 애시호문한다고 했으니 한번 보여줘야 한다. 당시(當時) 애송하던 당시(唐詩)를 줄줄이 읊기 시작한다. 그만해라 해도 무시하고 어느 정도까지는 계속 밀어붙인다. 그 시절에는 당시선집이나 한국 한시선집에 나오는 웬만한 것은 다 외우는 수준이었으니 이 녀석들의 기를 꺾기에 좋은 무기였다. 그러면 이쪽저쪽에서 노래 부르라는 소리는 쑥 들어가고 이상한 소리 집어치우라는 말이 나온다. 흥이 깨지니 나에게 관심을 끊고 저희끼리 노니 이날은 나의 불쌍한 음치 인생사에 빛나는 승리로 기록되는 날이다. 그러나 이런 작전은 반은 농담, 반은 진담으로 막역한 친구들에게나 써먹을 수 있는 것일 뿐이다.

　가족들의 노래 실력을 평가하자면 아내는 평균 이상이다. 내가 B플러스 혹은 A마이너스 정도라고 하니 아내는 서슴없이 A라고 자평한다. 하기야 예전 친척들끼리 노래방에 갔다 온 후 친척들이 아내가 노래를 잘한다고 이구동성으로 내게 말한 적이 있다. 장인, 장모님이 생전에 노래를 아주 잘하셨다고 한다. 자식들은 둘 다 제 어미 수준은 된다. 아내 왈 애들이 아비 안 닮아 천만다행이라 한다. 아내의 말에 의하면 아들 둘은 모두 A급 수준이라고 한다. 큰아들은 대학 시절 랩 동아리에서 활동하며 공연도 했다고 한다. 랩이란 게 횡설수설하는 것이 내 귀에는 도무지 노래 같지도 않다. 그런 건 나도 하겠다고 하니 아내 말이 밖에 가서 그런 소리 하면 무식하다는 소리 들으니 입 다물고 있으라 한다. 둘째도 제 형 수준으로 상급이라니 우리 가족 중 나만 F로 바닥 수준이다.

  형제자매의 수준을 말하자면 내가 유일하게 아버지로부터 음치를 물려받았다. 당연히 모두 나보다야 훨씬 낫지만 그렇다고 뛰어난 수준은 아니다. 그냥 섞일 만한 정도이다. 다만 작은 누나가 그중에 군계일학으로 좀 나은 편이다. 작은 누나는 내가 초등학교 다닐 때 할아버지, 아버지 몰래 먼 윗동네 노래자랑에 나가 1등을 해서 양은 밥솥을 타온 적이 있다. 누나가 20대 초반 시절이었다. 인근 여러 동네에서 노래 마디나 부르는 사람들이 참가한 경연이었다. 그런 곳에서 1등을 했으니 아무리 시골이라 해도 수준이 꽤 높았던 것 같다. 집안 어른들에게 숨기고 몰래 나갔으니 밥솥을 탄 것도 당연히 비밀로 했다. 당시만 해도 지체 따지는 집안의 규수가 그런 '딴따라' 판에 나간다는 것은 용납이 안 되던 시절이었다. 일찍 돌아가신 어머니의 노래는 거의 들어본 기억이 없다. 대가족의 삼시 세끼 챙기는 것만도 힘든 처지에 노래 부를 여유나 기분이 있었을까 싶다.

 노래하면 직장생활과 떼놓을 수 없다. 노래 잘하고 술 잘 마시면 회사 생활에도 도움이 되던 시절이 있었다. 회식 자리에서 술과 노래로 상사 비위 잘 맞춰주는 사람이 상사의 사랑도 받고 승진에도 유리했다. 거기에 더해 2, 3차까지 남아 택시 잡아 택시비까지 찔러 넣어 주면 회사 생활이 순풍에 돛단 듯 잘나가던 시절이었다. 2, 3차까지 가고 새벽에 집에 들어가면 출근 시간에 맞추기 힘들다. 그런 날은 상사도 같이 지각하는지라 전날 같이 술 마신 부하 직원이 늦게 출근해도 모르는 척 봐준다. 상사도 부하 직원도 얼굴이 부스스해서 옆에 지나가면 술 냄새가 그때까지 진동했다. '아하, 이 아재들 어젯밤 거하게 한잔하셨군.' 모두들 이렇게 짐작한다.

 나는 지인이나 친구들을 기억할 때 그들이 불렀던 노래와 함께 떠올리는 습관이 있다. 그들이 생각날 때 유튜브에 들어가 그들이 불렀던 노래를 들으며 추억에 젖어 보기도 한다. 대체로 그들의 노래는 아마추어 기준으로는 훌륭한 축에 속했다. 음치인 사람이 그런 습관이 있다는 게 아이러니라는 생각이 든다. 나도 노래 한번 잘 불러봤으면 좋겠다는, 아니 음치라도 면해봤으면 하는 희망이 무의식 속에 들어 있어서 그런 것일까? 어쨌든 이제 노래 때문에 스트레스받는 일은 없다. 그동안 세상이 바뀌고 세대교체가 되어 1차, 2차, 3차 가는 회식 및 음주 문화도 거의 사라졌고 정년퇴직도 했기 때문이다. 또 젊은 세대들은 예전 같은 회식 문화를 매우 싫어하지 않는가.

되돌아보면 술 한잔하고 노래 한 곡 하면 스트레스 푸는 데 도움이 되는 사람들도 많으니 그것을 나쁘다 할 건 없다. 또 분위기를 살리기도 하니 말이다. 동양에는 예부터 선비들이 익혀야 할 여섯 가지 덕목이 있었는데 이를 육예(六藝)라 했다. 예악사어서수(禮樂射御書數)가 그것이다. 예절, 음악, 활쏘기, 말타기, 글쓰기, 셈하기를 말한다. 그중에 음악이 두 번째이니 가무와 악기를 즐기는 것을 중시했음을 알 수 있다. 공자도 소(韶)라는 음악을 듣고 석 달 동안 고기 맛을 잊었다고 하지 않는가.

내가 음치이긴 하나 가끔씩 거장들의 노래나 음악을 들을 때도 있다. 못 부르는 데 대한 보상 의식의 발로인지 모르겠다. 노래를 중간 정도라도 할 수 있었다면 지금까지의 인생이 좀 더 즐겁고 행복하지 않았을까 하는 생각을 가끔 해본다. 그리고 악기 하나쯤 연주할 줄 안다면 괜찮은 취미가 되었을 것 같다. 지금은 안 계시는 아버지도 생전에 이런 생각을 하셨는지 모르겠다.

원수는 외나무다리에서

　대학교 3학년 때의 일이니 지금으로부터 40년 전이다. 당시 대구에서 학교에 다니고 있었다. 중간고사가 끝나 홀가분한 마음으로 가깝게 지내던 친구 A와 B를 만났다. 당시에는 시험이 끝나면 당구를 치거나 영화 한 편 보며 스트레스를 풀었다. 또는 학교 주변이나 시내 향촌동에 있는 값싼 막걸릿집에서 한잔하는 것이 대학생들의 놀이 문화였다. 나와 A, B 두 친구는 저녁 무렵 대명동에서 만났다. 낮에는 무엇을 했는지 하도 오래전 일이라 모르겠다. 내기 당구를 쳤는지 아니면 각자 따로 보내다가 저녁 무렵에 만났는지 기억이 없다. 어쨌든 가깝게 지내던 친구들이라 자주 만났다. 셋 모두 고등학교도 동기 동창이라 막역한 사이였다. 나와 B는 영문과에 다녔고 A는 법대생이었다. B와 나는 부전공으로 행정학을 했는지라 A와는 학교에서도 자주 만났다.

　무엇을 할까 정해놓은 것도 없이 대명동 거리를 걷고 있었다. 시원한 맥주 한잔하고 싶은 생각이 굴뚝같았는데 그 마음을 알기나 한 듯 앞에 있는 맥줏집 간판이 눈에 들어왔다. A와 B도 동시에 맥줏집을 발견하고 나를 쳐다보았다. 들어가서 한잔하자는 무언의 신호가 오간 것이다. 그렇게 마음이 통해 들어갔다. 술값이 있는지 없는지 아무도 생각하지도 물어보지도 않았다.

  맥줏집은 지하 1층에 있었다. 술 마시기에 아직 이른 시간이라 그런지 우리 이외에 손님은 없었다. 들어가서 한구석에 자리를 잡고 앉았다. 일하는 아가씨가 오더니 무엇을 하시겠느냐고 물었다. A가 주문했다. 시원한 맥주 댓 병하고 마른안주. 아가씨는 이내 주문한 것들을 가지고 와 탁자 위에 올려놓았다. 능숙한 솜씨로 뻥뻥 소리를 내며 병뚜껑을 따준 후 계산대 쪽으로 갔다. 우리는 서로의 잔에 거품이 넘칠 때까지 부어 잔을 부딪치며 건배했다. 한잔 쭉 들이키고 "카아~" 소리를 내며 잔을 내려놓았다. 땅콩, 구운 오징어 안주를 먹고 난 후 또 한 잔씩 따라 연거푸 마셨다. 목이 말랐던 터라 맥주 맛이 참 시원했다. 나는 원래 한 잔만 마셔도 금방 얼굴이 벌게져 술 체질이 아니다. 그리고 주량도 많지 않았다. 그래도 이날은 연이어 두 잔을 쭉 들이켰으니 시험 뒤풀이로 부담이 없었던 탓이다. 주거니 받거니 하며 이런저런 얘기를 했다. 물론 맥주도 안주도 더 주문했다. 나는 많이 마시지 못하였지만, A와 B는 제법 거나해져 있었다. 이제 술도 얘기도 끝나고 귀가하려고 일어났다.

  여기까지는 좋았다. 계산대 앞에 서서 우리 세 명은 서로의 얼굴만 쳐다보았다. 들어올 때의 이심전심, 의기투합의 눈빛과는 사뭇 다른 눈빛이었다. 모두 상대가 계산하기를 기다렸지만 셋 모두 무일푼이었다. 주머니에는 겨우 집에 갈 버스 요금 정도만 남아 있었다. 그때 A가 싸구려 전자시계를 풀어 주인에게 내밀었다. 술값 대신 갖고 있으면 내일 와서 계산하겠다고 했다. "안 됩니다." 주인의 말은 짧고도 단호했다. 그다음에 B가 나섰다. 학생증을 내밀며 A와 같은 말을 했다. 학교 부근의 막걸릿집에서는 왕왕 통하던 외상 술 먹는 방법이었다. 그러나 이 주인에게는 통하지 않았다. 그리고 여기는 학교와 한참 떨어진 곳이 아닌가. 주인에게 퇴짜를 맞은 A와 B가 동시에 나를 쳐다보았다. 나도 별 뾰족한 방법이 없었다. 시계와 학생증이 안 통하는데 낸들 어쩌겠는가. 가진 것은 그것밖에 없는데.

주인이 해결책을 내놓았다. 세 사람 중 한 사람이 집에 가서 술값을 가져올 때까지 두 사람은 여기서 기다리라는 것이었다. 이런저런 이유를 들어 그렇게는 안 되니 학생증을 담보로 받아 달라고 거듭 사정했다. 우리 모두 시골에서 올라온 유학생으로 자취를 하는 터라 이 밤중에 누구를 깨워 술값을 빌린단 말인가. 그러니 한번 봐 달라고 부탁했다. B는 집이 대구이지만 주인의 마음을 바꾸는 데 도움이 될까 하여 나름대로 머리를 굴려 둘러댄 것이다. 그러나 주인의 입장은 요지부동이었다. 같은 얘기가 거듭 겉돌게 되자 화가 난 주인은 우리에게는 최악의 결정을 내렸다. 우리 셋을 지하 주점에 가두어 둔 채 밖에서 문을 잠그고 퇴근해 버린 것이다. 술 한잔하고 나서 자정이 넘어 인질로 감금되는 신세가 되었다.

황당한 와중에서도 A가 냉장고에서 맥주 한 병을 가져와서 한 잔 쭉 들이켰다. 곤란한 가운데서도 얼굴에는 웃긴다는 표정이 드러났다. 나는 어떻게 이 난국을 타개해야 하나 생각하니 난감했다. B도 마찬가지였다. B와 나는 A가 가져온 맥주를 한 모금 마시고는 '에라, 모르겠다. 될 대로 돼라'고 하며 소파에 벌렁 드러누웠다. B와 나는 골치 아프게 되었다는 생각에 자포자기하고 있었다. 술기운에 잠이 들었다가 깨어났다. 얼마나 지났는지 모르는데 그동안 안 보이던 A가 환하게 웃는 얼굴로 나타났다. "야, 됐다. 일어나라"고 하는 것이 아닌가. 어디서 찾았는지 손에는 족히 1미터는 넘어 보이는 쇠 지렛대를 들고 있었다. 그것을 들고 출구로 앞장서서 걸어가며 우리보고 따라오라고 했다. 그제야 우리는 A의 의도를 간파했다. 저 공구로 우리 자신을 인질에서 해방시키는 대담한 작전을 개시하는 것이다. 쇠 지렛대를 자물쇠가 걸린 문짝의 틈새로 밀어 넣어 한쪽으로 밀어제치니 의외로 쉽게 자물쇠가 떨어져 나가고 문이 열렸다. 심야의 인질 해방 작전은 이렇게 성공했다.

  오월의 새벽 거리로 나온 우리는 탈출의 기쁨을 만끽하였다. 나와 B는 A의 기지와 용맹에 찬사를 아끼지 않았다. A는 그날 밤 우리의 영웅으로 등극하였다. 우리 셋은 우리를 인질로 무단 감금한 주인의 불법 행동을 규탄해 마지않았다. 우리에게 무전 음주와 기물 손괴에 대한 반성은 어디에도 없었다. 무전 음주는 경찰에 신고하면 될 일이다. 불법 감금한 죄는 그 무게가 무전 음주나 기물 손괴에 비할 바가 아니다. 맞는지 안 맞는지 모르겠지만 A가 법대생

답게 명쾌한 법리를 펼치며 탈출 작전의 정당성을 역설했다. B와 나는 "하모, 하모"를 연발하며 소리 높여 동의했다.

나도 주인 악마 만들기에 한마디 보탰다. 대충 이런 내용이다. 주인이 경찰에 신고했으면 경찰이 출동하기는 했을 것이다. 그러나 바쁜데 뭐 이런 것 가지고 신고했느냐고 도리어 주인에게 면박을 줬을 거라는 주장이다. 학생들 신분도 확실하니 학생증을 받아두면 내일이나 모레 술값 갚으러 올 텐데. 장사를 어찌 그렇게 융통성 없이 하나 하는 핀잔을 들었을 게 분명하다. 학생들 보니 술값 떼먹을 사람으로 보이지도 않구먼. 설사 그렇지 않더라도 경찰이 우리 셋의 인적 사항을 확보하고 있으니 주인이 술값 떼일 걱정할 필요가 어디 있느냐. 그래서 며칠 내로 술값을 갚으라고 하며 우리를 보내줬을 거라는 얘기이다. 참으로 소설 같은 해괴한 논법과 어처구니없는 아전인수의 논리로 목소리를 높였다. A와 B도 "옳소, 옳소" 하며 적극 동의했음은 물론이다. 그렇게 무사 탈출에 쾌재를 부르며 B의 집으로 갔다. 못 잔 잠을 자고 늦게 일어나 점심 같은 아침을 먹었다.

이렇게 대명동 맥줏집 사건은 '잘' 마무리되고 우리는 일상으로 돌아왔다. 그 사건이 있은 후 약 두 달쯤 되었을까. 문제는 생각지도 못한 곳에서 터졌다. 학교를 지나가는 시내버스 안에서 A가 맥줏집 사장과 맞닥뜨리는 불상사가 발생한 것이다. 어찌 이런 일이. 당시 대구시 인구가 160만 정도였다. 얼마 전에 한 번 만난 사람을 그것도 시내버스 안에서 만나다니. 로또 당첨 확률보다 더 낮은 일이 생긴 것이다. 아무리 임기응변이 뛰어난 A라 해도 "너 이놈 잘 만났다"고 멱살을 잡는 맥줏집 사장을 어찌 피할 수 있었겠는가. 제갈량과 장량이 함께 온다 해도 피할 방법이 없는 막다른 골목이었다. A가 그와 맞닥뜨렸을 때 어떤 기분이었을까? 놀라움, 당황함, 두려움…. 이 모든 것이 교차하는 감정이 아니었을까 싶다. 독 안에 든 쥐처럼 꼼짝없이 불쌍한 포로가 되어 있었을 A의 모습을 상상해 보면 공범으로서의 죄의식을 느낀다.

맥줏집 사장에게 연행되다시피 자췻집으로 동행해서 주인아주머니에게 돈을 빌려 술값을 갚았다고 했다. A는 사건의 전말을 전해 주며 씨익 웃었다. 그 후 술값은 나와 A, B 셋이서 분배하였다. 그 후로 가끔 그 사건을 친구들과 이야기했다. 철없던 시절의 자화상을 떠올려 볼 때마다 껄껄 웃는다. 그 시절을 생각하니 문득 A와 B가 그리워진다. 아울러 《명심보감(明心寶鑑)》에 나오는 한 구절이 떠오른다. "은혜와 의리를 널리 베풀어라. 인생살이 어디서든 만나지 않으리. 원수를 맺지 말라. 외나무다리에서 만나면 피하기 어렵나니.(恩義廣施 人生何處不相逢 讐怨莫結 路逢狹處 難回避)"

앞모습, 뒷모습, 윗모습

　사람들이 살아가면서 주로 대하는 상대방의 모습은 앞모습이다. 그러나 가끔 뒷모습을 보기도 한다. 뒷모습도 앞모습처럼 각양각색이다. 자세, 걸음걸이, 팔 흔드는 모습, 어깨 모양, 머리, 보행 속도 등등…. 이런 것들을 보면 그 사람의 여러 가지를 짐작할 수 있다. 신체적 건강 상태뿐만 아니라 감정, 기분, 생각, 희로애락 등 정신세계를 알 수 있다.

　앞모습을 보면 사람의 내면세계를 정확히 알 수 없는 경우가 많다. 얼굴은 감정을 숨기기도 하고 속내와는 반대되는 감정을 보이기도 한다. 또 어떤 감정도 얼굴에 드러내지 않는 포커페이스도 있다. 사회생활에서 처세의 방편으로 이해타산과 득실을 따지기 때문이다. 공자 같은 세상사에 통달한 성인도 사람을 알아보는 것보다 힘든 것은 없다며 이렇게 말했다. "사람 마음은 험하기가 산천보다 거칠고 알기는 하늘보다 더 어렵다. 자연은 춘하추동 사계절과 아침, 저녁 구별이 있지만, 사람은 두꺼운 얼굴 속에 깊은 감정을 숨기고 있으니 구별하기 매우 어렵다." 또 '열 길 물속은 알아도 한 길 사람 속은 모른다'는 속담도 있다. 이처럼 사람의 앞모습을 보고 그의 속마음을 짐작하기란 참으로 어렵다.

그러나 뒷모습은 그렇지 않다. 뒷모습은 있는 그대로의 모습을 드러내는 진실의 출구이다. 희로애락의 감정을 거기에서 읽을 수 있다. 뒷모습의 분위기를 좌우하는 것은 어깨이다. 어깨는 큰 등짐을 진 것처럼 무겁게 보일 때도 있고 또 새의 날개처럼 가볍게 보일 때도 있다. 온갖 감정을 싣는 곳이 어깨이다. 뒷모습은 많은 상징과 의미를 갖고 있다. 성격의 강약, 예부터 지금까지 지나온 여정, 육체적 건강 등등이 뒷모습에서 드러난다. 축 처진 어깨는 실패와 좌절, 고뇌와 슬픔을 보인다. 으쓱 올라간 어깨와 쭉 편 가슴은 자신감과 기쁨의 표시이다.

어느 날 회사 복도에서 걷고 있을 때 뒤에서 따라오던 어떤 여자 선배가 나를 부르며 이렇게 말했다. "어깨가 왜 그리 축 처져 있어요?" 나는 생각도 못 했는데 상대방에게는 그렇게 보인 것이다. 그 당시는 회사에서 스트레스를 많이 받고 있던 시기였다. 나도 모르게 그것이 어깨를 눌렀던 것 같다. 그리고 한번은 어떤 남자 선배 뒤를 따라가고 있었다. 속으로 '저 선배 어깨에 힘이 하나도 없네'라는 생각을 하고 있었다. 이 선배가 휴게실에 앉더니 나를 불러 세우고 커피 한잔하자고 했다. 담배에 불을 붙여 깊이 빨아들이고 한숨을 쉬듯이 길게 연기를 뿜어냈다. 그러더니 뜬금없이 이렇게 물었다. 월급이 뭐라고 생각하느냐고. "월급이 월급이지 뭐겠어요"라고 하니 자신이 던진 질문에 스스로 대답하였다. 월급이란 일을 잘해서 주는 보상이 아니라 한 달 동안 받은 스트레스에 대한 위로라고. 생각해 보면 어느 정도의 진실을 담은 말이다.

사람의 걷는 모습을 관찰하면 많은 것을 짐작할 수 있다. 또 앞모습과 뒷모습의 차이를 이해하면 인간 행위의 동기와 복잡한 심리를 알 수 있다. 앞모습은 가끔 자신의 깊은 속내와 감정, 약점을 가리는 보호막이다. 뒷모습은 걸러지지 않은 자아의 진실을 보여준다. 앞모습은 공개적인 얼굴로 세상에 보여주는 나의 모습이다.

앞모습은 개인의 의도와 목표 또는 사회적 기대에 맞춰 꾸민 모습일 때가 많다. 사람들은 앞모습에 가면을 쓰고 사회생활을 하고 사회 규범에 순응한다. 자신에 대한 타인의 인식을 통제한다. 반면에 뒷모습은 여과되지 않은 진실과 취약점들을 노출한다. 앞모습과는 달리 뒷모습은 원하는 대로 통제할 수 없다. 뒤에는 눈도 입도 없기 때문이다. 진실을 숨길 수 없게 하려고 뒤에 눈과 입이 없는 것일까? 뒷모습은 정직하다. 뒷모습은 한 개인이 과거부터 현재까지 살아온 인생의 발자취를 가늠할 수 있는 척도이다. 무거운 짐을 지고 오르막을 올라가는 모습에서부터 거칠 것 없는 자신만만함까지 뒷모습에 있다. 뒷모습은 사람 수만큼 다양한 인생의 곡절과 희로애락, 영고성쇠를 싣고 있다. 뒷모습은 얼굴이 없이도 만들어내는 제2의 표정이다. 어깨는 눈 없는 눈이요, 입 없는 입이다.

어느 해 겨울 학교 동문 송년회장에서 있었던 일이다. 같은 회사에 다니는 선배가 누구를 가리키며 물었다. 저 사람 누군데 저리 잘난 척하느냐고. 어깨에 힘주고 여기저기 주름잡고 돌아다니는 그의 뒷모습이 못마땅하게 보였던 모양이다. 그는 외견상 누가 봐도 성공했다고 할 만한 경력의 소유자였다. 나도 처음 그의 뒷모습을 보며 재승박덕을 떠올린 적이 있었다. 뒷모습 하면 내가 사는 아파트의 같은 라인에 살던 어떤 아저씨의 축 처진 어깨도 잊을 수 없다. 가끔 막걸리 한 병을 사 들고 퇴근하던 그의 뒷모습에는 지친 삶의 무게와 소시민의 고단함이 묻어났다. 나중에 아내에게 들으니 생쥐 볼가심할 것도 없는 가난한 집안에서 태어난 분이란다. 갖은 고생해서 모은 돈으로 괜찮은 집을 사고 살 만하게 되었단다. 결혼한 딸에게도 집을 장만해 주었는데 사위가 주식 투자를 해서 집을 날려버렸다고 했다.

  그러나 이런 뒷모습만 있는 것은 아니다. 뒷모습은 놀라운 기적을 만들기도 한다. 앙굴리말라는 석가모니 부처 당시 인도에 살았던 악명 높은 살인마였다. 앙굴리말라는 백 명을 죽여 그들의 손가락으로 목걸이를 만들어야 자신의 수행이 완성된다는 말을 듣고 수많은 사람을 살해하였다. 공포의 살인 행각을 벌이며 99명의 손가락을 모으게 되었다. 석가모니 부처는 제자들로부터 이 끔찍한 이야기를 들었다. 석가모니는 앙굴리말라가 마지막으로 자신의 어머니를 죽여 목걸이를 만들려고 한다는 것을 천안통으로 알게 되었다. 석가모니는 이 참극을 막기 위해 앙굴리말라가 있는 곳으로 갔다. 사람들은 석가모니의 안위를 걱정하여 가지 말라고 말렸지만 가던 길을 계속해 걸어갔다. 앙굴리말라는 멀리서 석가모니 부처를 보았다. 부처를 죽여 손가락을 얻으려고 그의 뒤를 좇았다. 그런데 앙굴리말라는 칼을 들고 아무리 달려도 차분하게 걷는 석가모니 부처를 따라잡지 못하였다. 뒤에서 공격하려고 다가갔지만 조금도 흔들림 없는 부처의 모습에 앙굴리말라는 칼을 휘두르지 못했다. 앙굴리말라는 부처의 뒷모습에서 범접할 수 없는 기운을 보았기 때문이다. 그 기운은 최고의 진리를 꿰뚫은 사람만이 가질 수 있는 자비, 평온, 위엄이 저절로 발산된 것이었다. 결국 앙굴리말라는 마음을 바꾸어 부처에게 사죄하고 출가하여 그의 제자가 되었다.

사람에게는 앞모습, 뒷모습만 있는 것이 아니다. 윗모습이 있다. 윗모습은 하늘이 내려다보는 모습이다. 사람들은 자신의 뒷모습을 못 보듯이 윗모습도 볼 수 없다. 타인의 윗모습도 볼 수 없다. 오직 하늘 또는 신만이 볼 수 있다. 하늘은 사람이 바른길로 가는지, 굽은 길로 가는지 안다. 선의 길로 가는지 악의 길로 가는지, 정도를 걷는지 사도를 걷는지 하늘은 안다.

시인 윤동주는 〈서시〉에서 "죽는 날까지 하늘을 우러러 한 점 부끄럼이 없기를, 잎새에 이는 바람에도 나는 괴로워했다"라고 읊었다. 《명심보감(明心寶鑑)》에는 이런 말이 있다. "착한 일을 하는 사람에게는 하늘이 복으로 갚아 주고, 착하지 않은 일을 하는 사람에게는 하늘이 재앙으로 갚는다." 맹자는 인생삼락(人生三樂)을 이야기하며 이런 말을 했다. 우러러 하늘에 부끄럽지 않고, 굽어보아 사람들에게 부끄럽지 않은 것이 인생의 두 번째 즐거움이라고. 윤동주와 맹자는 하늘을 향해 부끄러움이 없는 삶을 강조했다. 맹자는 그런 삶을 사는 것이 군자의 즐거움이라고 보았다. 《명심보감》의 글은 착한 일을 하는 사람에게 하늘이 복을 내려 준다고 하는데 그런 사람이 부끄러운 삶을 살 리가 없다. 위에서 인용한 어구들은 모두 부끄러움 없는 윗모습을 강조하고 있다. 보는 사람이 없어도 하늘을 두려워하며 바른 삶을 살 것을 권유하고 있다.

사람은 앞모습, 뒷모습, 윗모습 등 여러 가지 모습을 갖고 있다. 거울이 없다면 이들 모습 중에 자기에게 보이는 것은 없다. 모두 남들이 보는 모습이다. 사람들이 가장 중시하는 모습은 앞모습이다. 거기에는 체면이 있고 이해타산이 있다. 앞모습은 잘 보이고 싶고, 예뻐지고 싶고, 주목받고 싶은 모습이다. 그래서 앞모습은 집중 관리 대상이다. 앞모습을 잘 관리해야 경쟁 사회에서 생존하고 앞서 나가는 데 도움이 된다. 뒷모습은 가식이 없는 있는 그대로의 자기 모습이다.

바람직한 모습은 무엇일까? 앞모습과 뒷모습을 어긋나지 않게 맞추는 것, 즉 전후 일치이다. 그것은 매우 어려운 일이다. 그렇다면 앞모습과 뒷모습 사이의 절충점을 찾는 것이 차선책일 수 있다. 현실주의와 원칙주의, 실용주의와 명분론 사이의 타협이라고 할까. 저당한 타협은 이해관계가 얽히고설킨 경쟁 사회에서 살아가자면 필요한 것임을 부인할 수 없다. 성인군자가 아니라면 말이다. 이런 거래와 융통성은 개인의 이익과 대인관계에 도움이 된다. 가

식적인 앞모습에 과도하게 의존하면 진실한 자아로부터 이탈될 수 있다. 그렇다고 뒷모습을 지나치게 강조하면 사회생활에서 부딪히는 문제에 제대로 대처하기 어려울 수 있다. 삶의 현장에서 현실주의와 원칙주의 사이의 균형이 반드시 이상적인 것은 아니다. 그렇다고 각박한 삶의 터전에서 생계를 위해 부득이 할 수밖에 없는 균형이란 이름의 줄타기를 양심에 거리낌 없이 비난할 수 있는 사람이 얼마나 될까? 그러나 현실주의자가 이기적 일탈을 합리화하는 핑계로 균형을 들먹인다면 그것 또한 부끄러운 일이다.

우리의 뒷모습에는 삶의 희로애락과 우비고뇌(憂悲苦惱)가 켜켜이 묻어 있다. 뒷모습은 인격의 사진이다. 그 좁은 등과 어깨에 풍우를 헤치며 광야를 여행하는 인간의 총체적 삶의 흔적이 녹아 있다. 나의 뒷모습은 어떤 모습일까? 가끔씩 나는 복잡한 거리에서, 지하철역에서 지나가는 수많은 사람의 뒷모습을 한참 동안 바라본다. 사람 수만큼 다양한 삶의 궤적이 거기에 있다. 인생을 살아가며 가장 중시해야 할 모습은 무엇일까? 앞모습일까? 뒷모습일까? 아니면 이 둘의 균형과 타협을 찾는 모습일까? 그것은 개인의 선택이다. 그러나 어떻게 살아가든 기억해야 할 것이 있다. 하늘이 언제나 우리의 윗모습을 내려다보고 있다는 사실이다. 이것을 잊지 않는다면 인생행로에서 큰 낭패를 보는 일은 없을 것 같다.

서랍

하루에도 여러 번 책상 서랍을 여닫는다. 나의 책상 서랍에는 많은 물건이 들어 있다. 오늘은 문득 서랍에 든 물건들을 천천히 바라본다. 필요한 것, 매일 사용하는 것, 이젠 필요 없는 것들이 있다. 옛날에 넣었다 잊어버린 것, 넣은 지 얼마 안 되는 것 등등 수많은 물건들이 서랍에 들어 있다. 지철기, 서류 집게, 이어폰, 컴퓨터 잭, 문구용 가위, 포스트잇, 여러 가지 연고들, 언제 받았는지도 모를 영수증 등등…. 이 외에도 잡다한 물건들이 서랍을 가득 채우고 있다. 이젠 너무 오래되어 씹을 수도 없는 껌까지.

서랍은 이 모든 것들을 불평불만이나 차별 없이 언제나 받아 보관한다. 주인이 가져가도 내 것이라 주장하며 다투지 않는다. 소유욕이 없기 때문이다. 수인이 언세 찾을지도 모르는, 이니 앞으로도 찾지 않을 물건도 지켜주는 고마운 존재이다. 아무런 보상도 바라지 않는다. 그리고 보면 서랍의 심성은 웬만한 사람보다 낫다. 온

갖 잡동사니를 집어넣어도 싫다 하지 않는다. 주인이 필요하여 요긴하게 사용하면 됐다고, 그것이 자신의 임무라고 서랍은 생각한다. 대청소라도 하며 주인이 불필요한 것을 버려도 서랍은 상관하지 않는다. 어차피 자기 것이 아니었으니까. 책상 서랍 속에 든 물건들은 항상 어둠 속에 지낸다. 하루에 햇빛을 보는 시간이 일 분도 채 안 된다. 그래도 주인을 원망하지 않는다. 오히려 밖에 살을 에는 찬 바람이 불 때 어두운 서랍이 따뜻하고 안전한 보금자리라고 생각하고 있기 때문일까?

인간도 하나의 서랍이다. 인간 서랍에는 두 가지가 있다. 우선 몸 서랍이다. 이 서랍 속에는 몸이 생명체로서 살아가는 데 필요한 수많은 신체 구성 요소가 있다. 팔, 다리, 머리, 눈, 코, 입, 귀 등 밖에서도 보이는 것들과 안에 들어 있어 보이지 않는 여러 가지 장기들이 있다. 그다음이 마음 서랍이다. 돈, 명예, 권력, 사랑 등 이것저것 보는 대로 끌어 모아놓은 욕망의 서랍이다. 질투, 분노, 증오, 원망도 있다. 수많은 생각과 의식이 마음 서랍에 들어 있다. 마음 서랍은 모양도 없고 보이지도 않는다. 보이지도 않지만, 마음 서랍은 칭찬하는 소리를 들으면 기분이 좋다. 그러나 나를 알아주지 않는다거나 푸대접받았다고 생각하면 화를 내거나 불만을 터뜨린다. 책상 서랍에 든 물건들은 캄캄한 상자에 방치해 둔다고 아우성치지 않는데.

세상에는 책상 서랍과 인간 서랍만 있는 것이 아니다. 세상은 수많은 사람과 물건을 보관하고 있는 거대한 서랍이다. 이것은 세상 서랍이다. 책상 서랍은 세상 서랍에 든 작은 서랍의 하나일 뿐이다. 집, 가족, 조직, 회사도 서랍이다. 읍, 면, 동, 시, 군, 구, 도 등 행정 구역, 국가, 지구, 태양계, 은하계 등등 수많은 서랍이 있다. 우주라는 서랍에 비하면 책상 서랍과 인간 서랍은 먼지 한 톨에도 못 미칠 만큼 작다. 작은 서랍은 큰 서랍 속에 들어 있다. 큰 서랍은 그보다 더 큰 서랍에, 이 큰 서랍은 이보다 더 큰 서랍 속에 들어 있다. 이렇게 서랍은 무한 확장되어 나아간다.

세상은 서랍의 세계이다. 이 서랍의 세계는 마치 작은 인형 밖에 이보다 큰 인형이 계속 들어 있는 러시아의 마트료시카 인형 같다. 내가 들어 있는 서랍도 세상 서랍이다. 이 세상이란 서랍은 양면성을 갖고 있다. 이 서랍은 고요와 평화, 아름다움을 선물하기도 한다. 그러나 때로는 재앙과 혼란, 파멸을 가져온다. 한때는 호수처럼 고요하다가도 또 어떤 때는 엄청난 태풍과 맹렬한 파도가 일어난다. 좋은 소리를 들으면 행복해하고 싫은 소리를 들으면 화내는 마음 서랍과 같다. 어떤 경우에도 원망과 불만이 없는 책상 서랍과는 다르다.

인간의 마음 서랍에는 수많은 정보가 들어 있다. 인간의 의식과 심층의 무의식은 인간의 행동과 생각과 말을 담고 있는 역사책이다. 몸과 입과 마음으로 지은 행위가 에너지의 형태로 이 책에 보관되어 있다. 무의식은 이 세 종류의 카르마(karma), 즉 삼업의 창고이다. 이 서랍은 컴퓨터 하드디스크 같다. 이 저장고에는 수많은 것들이 들어 있다. 이 창고에 보관되어 있는 업은 종자라고 불린다.

조건이 성숙하면 싹이 트기 때문이다. 종자에는 선(善)한 종자도 있고 불선(不善)한 종자도 있고 선하지도 불선하지도 않은 종자도 있다. 세상 서랍의 양면성과 유사하다. 이 창고도 가끔 청소를 해줘야 한다. 선한 종자에 물을 주면 선업의 싹이 자라고 불선한 종자에 물을 주면 불선업의 싹이 자란다.

서랍에는 책상 서랍, 몸 서랍, 마음 서랍, 세상 서랍 등 여러 가지 서랍이 있다. 보통 사람들이 가장 애지중지하는 서랍은 몸 서랍이다. 건강을 위해 몸에 쏟는 정성과 노력을 보면 알 수 있다. 몸 서랍에 집중하다 보면 존중해야 할 마음 서랍은 종종 뒷전으로 밀려나기 일쑤이다. 마음 서랍은 서랍 주인의 대인 관계, 사회관계를 결정한다. 마음 서랍의 성격과 능력에 따라 마음 주인의 운명과 그가 살아가는 세상의 모습이 달라진다. 사랑과 미움, 배려와 타산, 용서와 분노 중에서 어떤 씨앗이 자라날지 결정된다.

수많은 마음 서랍이 세상 서랍의 모양과 색깔을 만들어낸다. 둥근 것, 모난 것, 검은 것, 흰 것, 빨간 것, 노란 것 등 가지각색의 서랍 모자이크가 생겨난다. 개인도 사회도 국가도 또 국제 관계도 이 마음 서랍이 만들어낸다. 일어났다 사라진 흥망의 역사가 다 마음 서랍에서 나온 것이다. 마음 서랍들이 화합할 때 태평성대가 도래하고 마음 서랍들이 충돌할 때 전란과 혼돈의 시대가 있었다. 마음 서랍은 역사의 행불행, 전쟁과 평화까지 좌우한다.

인간 서랍의 하나인 마음 서랍은 보이지도 않고 정해진 크기도 없다. 쓰기에 따라 달라진다. 이 마음 서랍은 클 때는 온 세상과 우주를 넣고도 남을 만큼 크다. 그러나 작을 때는 바늘 하나 세울 수도 없다. 일찰나에 광대무변한 우주를 담을 수도 있으나 앙심을 품으면 터럭 하나 용납할 틈도 없다. 이 마음 서랍이 인생과 사회, 국가의 행로와 역사를 결정한다. 마음 서랍이 인간을 자비와 사랑의 길, 화합과 행복의 길로 인도하기도 한다. 또 갈등과 야만, 퇴행과 파괴의 길로 내몰기도 한다. 마음 서랍은 서로 상반되는 무한한 가능성을 가진 그릇이다. 그래서 마음 서랍은 '서랍 중의 서랍'이다.

책상 서랍은 관용과 포용의 서랍이다. 모든 것을 받아들이고 수용한다. 마치 바다가 모든 강물을 받아들이는 것과 같다. 누구는 밉고 누구는 좋아하는 소아적 분별과 타산의 서랍이 아니다. 주인이 물건을 다 꺼내가도 서운해하지 않는다. 서랍에 든 물건에 대한 집착이 없다. 자신이 보관하고 있는 물건의 보관료도 받지 않는다. 오로지 인간의 필요에 봉사하는 임무에 충실할 뿐 대가를 요구하지 않는다. 모든 것을 향해 넉넉한 마음을 쓰는 열린 마음의 소유자이다.

책상 서랍은 작지만 큰마음의 주인이다. 이런 서랍이 모이고 모이면 세상에서 가장 큰 서랍이 될 것이다. 책상 서랍은 마음 서랍의 스승이다. 책상 서랍의 가르침으로 멋진 마음 서랍을 만들 수 있다. 마음 서랍을 좋은 것들로 채울 수 있다. 목마른 사람에게 줄 물과 배고픈 사람에게 줄 밥을 넣을 수 있다. 외로운 사람에게 위로가 될 친구도, 힘든 사람에게 내밀 사랑의 손길도 보관할 수 있다. 서랍은 고마운 존재이다. 서랍이 없다면 어떻게 될까? 지금 서랍에 든 것이 방바닥이나 거실 바닥에 뒹굴고 있을 때의 혼란과 무질서를 상상해 보면 알 수 있을 것이다.

오늘도 책상 서랍을 열고 닫는다. 긴 어둠 속에서 묵묵히 당신을 기다려 온 볼펜 한 자루를 꺼내보자. 너무 오래 사용하지 않아서 잘 써지지 않을지도 모른다. 그러면 볼펜 끝에 입김을 훅 불어 세상살이가 힘든 사람들에게 짧은 편지를 써보자.

"안녕하세요? 나는 책상 서랍입니다. 나는 대부분의 시간을 캄캄한 어둠 속에서 보내지요. 세상 서랍은 나의 집처럼 항상 칙칙하고 어두운 곳은 아니랍니다. 먹구름이 지나가면 푸른 하늘도 밝은 달도 쳐다볼 수 있으니까요. 마음 서랍마다 좋은 씨앗을 심어 더불어 행복한 꽃봄을 만들어 봐요."

소나무, 인생과 함께

 소나무 하면 고향의 어린 시절이 떠오른다. 뒷산에 올라가 솔가리와 솔방울을 모아 자루에 넣어 지고 와 사랑방에 군불을 때던 추억이다. 솔가리와 솔방울만으로는 화력이 부족하여 솔가리는 장작 불쏘시개 정도로 썼다. 바싹 마른 솔가리에 성냥불을 댕기면 마치 화산이 폭발할 때 흘러내리는 마그마처럼 빨갛게 타들어간다. 이내 솔방울에도 불이 옮겨가고 장작에 불이 활활 붙는다. 너울거리는 장작불을 바라보며 언 손을 녹이면 별 것 아니지만 따뜻하고 행복했다.

 아궁이에 걸린 가마솥에 든 물에서 뜨거운 김이 무럭무럭 피어나면 쇠로 된 아궁이 뚜껑을 닫아놓는다. 그러면 사랑방은 다음 날 아침끼지 따뜻하다. 방에 이불을 깔아놓으면 오후까지도 온기가 남아 있다. 겨울밤 덧문까지 닫고 따뜻한 이불 속에 누워 스르르 잠이 든다. 어떤 때는 솔가리를 해온 뒷산에서 쩌정 쩌정하는 소리가 가끔씩 들려온다. 아침에 일어나 보면 온 세상이 흰 눈으로 덮여 있다. 간밤에 난 소리는 쌓인 눈의 무게를 이기지 못해 소나무 가지가 부러지는 소리였다.

단오가 되면 굵게 꼰 새끼줄을 소나무 가지에 매어 동네 사람들이 남녀노소 할 것 없이 그네를 탔다. 정월 대보름에 하는 달집태우기에도 소나무가 사용된다. 생솔가지를 쌓아 달집을 짓고 달이 떠오르면 불을 놓아 액을 쫓고 복을 기원했다. 동네 사람들과 함께 뒷산 꼭대기에 올라가서 넓은 구덩이를 파고 그 위에 청솔을 쌓아 불을 지폈다. 멀리 다른 동네에서도 청솔 태우는 불이 올라온다. 마치 봉수대처럼 이곳저곳 산꼭대기에서 불길이 올라온다. 보릿고개가 오면 소나무 속껍질을 벗겨 만든 송기떡으로 사람들은 주린 배를 채우기도 했다. 우리 집은 형편이 괜찮았던 편이라 송기떡을 만들지는 않았다. 어려운 이웃 사람들은 소나무 속껍질을 벗기러 이 산 저 산을 올라다녔다. 이렇듯 소나무는 한국인들의 삶과 밀접한 관계를 가졌던 나무이다.

소나무와 삶의 관계는 이뿐만이 아니다. 지금은 산부인과에서 아기를 출산하지만 60~70년대에는 집에서 아기를 낳았다. 아기가 태어난 집 문에는 잡귀를 쫓고 부정 타는 것을 막기 위해 금줄을 드리웠다. 금줄은 새끼를 꼬아 만든 줄을 집의 출입문 좌우 기둥에 연결해 걸어놓던 것이다. 금줄 군데군데 솔가지나 댓잎을 끼운다. 아이의 성별에 따라 아들이면 고추를, 딸이면 숯을 끼워놓는다. 금줄은 21일 동안 외부인의 출입을 금했다. 금줄은 잡귀를 쫓는 민간

신앙의 일종이었을 뿐만 아니라 의료 기술이 열악하던 시대에 면역력이 약한 신생아를 보호하는 방편이기도 했다.

　소나무는 인간이 삶을 마감하고 떠날 때도 함께했다. 망자는 소나무로 만든 칠성판에 뉘어져 역시 소나무로 만든 관에 넣어져 저승길을 떠난다. 요컨대 소나무는 한국인의 인생, 그 시작과 끝을 함께했다. 소나무와 한국인의 인연은 이것이 끝이 아니다. 인생의 전 기간을 한국인은 소나무와 동행했다. 소나무로 지은 집에서 살고 소나무로 만든 가구, 생활 도구, 식기 등 많은 것들을 사용했다. 송진은 연료로 쓰였고 소나무 아래에서 자라는 송이버섯은 요즈음도 고가의 식품이다.

　소나무는 생활에 없어서는 안 될 필수품이었다. 조사에 따르면 한국의 산에 가장 많은 나무가 소나무이다. 또 소나무는 한국인이 가장 사랑하는 나무라고 한다. 그리고 애국가에도 등장하고 있지 않은가. "남산 위에 저 소나무 철갑을 두른 듯 바람 서리 불변함은 우리 기상일세." 수많은 나무 중에 소나무가 일국의 국가에 들어 있다니 그 위상을 짐작하고도 남음이 있다.

　소나무에도 종류가 여럿이다. 그중에서도 단연 최고로 치는 것이 적송이다. 적송은 나무에 대한 전문적 지식이 없는 사람이 봐도 품격과 아름다움을 겸비한 나무임을 알 수 있다. 우아하면서도 위엄이 있고, 미려하면서도 강인하다. 그래서 삼국시대부터 왕릉 주위에 심어 사후 세계의 왕을 지켰다. 금강송이라고도 부르는 적송은 왕족들의 관을 짜는 관재, 궁궐의 건축 자재로도 쓰였다. 조선 시대에는 왕실용 금강송 군락지에 금표를 설치하여 일반 백성들의 출입을 금했다. 적송은 사찰림으로도 애용되어 도량에 위엄과 기품을 보탠다. 세속의 권력도 출세간의 수행 도량도 이 특별한 소나무와 함께하고 있다. 이들 적송은 소나무 중 최고 귀족이다. 금수저를 넘어 다이아몬드 수저 또는 왕 수저라 할 만하다.

중국 주나라 때는 무덤가에 심는 나무도 신분에 따라 달랐다고 한다. 일반 백성들의 무덤에는 버드나무를 심었고, 제후의 무덤에는 측백나무를 심었다. 황제의 능 주위에는 소나무를 심었다. 그만큼 소나무는 격이 높은 나무였다. 그중에도 적송은 외모가 다른 소나무와 다르다. 줄기 아랫부분이 용 비늘처럼 갈라져 마치 승천하는 비룡의 웅혼한 기상을 보여준다. 그 기상이 용수(龍樹)라 불러도 손색이 없다. 키도 35미터 정도까지 자라며, 줄기도 직경이 1미터 가까운 것이 있다. 소나무 아래에는 아무런 잡초와 나무도 자라지 못한다. 소나무가 화학 물질을 내어 잡초, 잡목들의 생존을 막기 때문이다. 소인 잡배들과 상종하지 않는 대인군자의 위엄과 품격이다.

적송의 위엄과 아름다움은 우선 굵고 높게 자라는 줄기에서 나온다. 줄기의 아랫부분은 회갈색으로 껍질이 용 비늘 모양으로 세로로 길게 갈라져 있고 윗부분은 적갈색이다. 그래서 적송이란 이름을 얻게 되었다. 아래 줄기 껍질이 갈라지는 이유는 껍질은 성장을 멈추었는데 껍질에 쌓여있는 목질부는 계속 자라서 껍질이 파열되기 때문이라 한다. 이 파열된 껍질이 줄기를 감싸고 목질부를 보호한다. 그래서 줄기가 겨울의 혹한과 여름의 뜨거운 햇볕을 견뎌낸다. 줄기 위쪽의 껍질은 아래 줄기의 껍질보다 얇아 갈라진 채 붙어 있지 못하고 조각나서 땅에 떨어진다고 한다.

껍질이 갈라지는 것은 일종의 성장통이다. 지금까지 자라온 자신을 버리고 새살이 날 길을 터줘 나무의 성장을 돕는다. 껍질은 자신을 찢는 희생을 통해 줄기를 보호하고 거목으로 성장시킨다. 갈라진 회갈색 껍질을 보면 가던 발길을 멈춘다. 그 껍질 속에 고난의 세월을 살아오신 할아버지, 아버지 세대들의 고귀한 희생이 떠오르기 때문이다. 헌신과 뒷받침으로 자식들을 키워낸 어머니, 아버지의 거친 손등, 갈라진 손가락, 얼굴에 깊게 파인 주름이 소나무 껍질 위에 겹쳐진다. 기품과 아름다움을 간직한 적송, 그 낙락장송 뒤에도 자신을 찢어 나무를 보호하고 훌륭하게 키운 껍질의 희생이 있다.

그런 적송이 요즈음에는 도시공원이나 아파트의 조경수로도 심겨 있다. 서울시의 여의도 공원에도 대형 적송들이 위용을 자랑하며 서 있다. 이런 고급 적송은 운반, 식재비까지 포함하면 천만 원을 넘는다고 한다. 내가 사는 아파트에도 족히 60~70그루는 돼 보이는 적송이 여기저기에 심어져 있다. 어떤 것은 키가 6~7층 베란다까지 이를 듯하다. 어느 해엔 밑동 가까이에 큰 주사기가 꽂혀 있었다. 또 어떤 때는 물주머니 같은 것을 달고 있었다. 알아보니 병충해 치료제라고 한다. 참으로 귀하신 몸이다.

소나무는 잎이 늘 푸른 침엽수로 변함없는 지사의 기개에 비유

되곤 한다. 더불어 고금의 시와 그림의 소재로 애용되어 왔고 노래로도 불리고 있다. 서울시 여의도 KBS 본사 신관 로비에 들어서면 민경찬 화백이 그린 대형 소나무 그림이 방문객을 맞이한다. 푸른 솔이 아침 햇빛을 맞이한다는 창송영조휘(蒼松迎朝暉)라는 화제(畵題)가 있는 그림이다. 눈부신 아침 햇살을 받고 선 장엄한 푸른 소나무를 그린 것이다. 그림에 대해 전혀 문외한이지만 볼 때마다 웅혼한 기상과 힘을 느낀다. 소나무는 화가들뿐만 아니라 시인들도 즐겨 노래했다. 퇴계 이황의 시 중에 〈설야송뢰(雪夜松籟)〉라는 것이 있다. 이 시에서 그는 밤눈 내린 소나무 숲을 스쳐 가는 솔바람 소리를 피리와 퉁소 소리에 비유했다.

地白風生夜色寒(지백풍생야색한)
空山竽籟萬松間(공산우뢰만송간)
主人定是茅山隱(주인정시모산은)
臥聽欣然獨掩關(와청흔연독엄관)

―――――

눈 내린 밤 바람 불어 차가운데
빈산 솔숲 사이로 피리, 퉁소 소리 들려오네.
주인은 필시 산중 은자로
문 닫고 홀로 누워 솔의 노래 즐기리라.

퇴계의 이 시는 19세기 미국의 시인 토머스 베일리 올드리치(Thomas Bailey Aldrich)의 〈소나무 가운데서(Among the Pines)〉란 시와 유사하다. 그렇게 유명하지는 않으나 다음과 같다.

Faint murmurs from the pine-tops reach my ear,
As if a harpstring – touched in some far sphere –
Vibrating in the lucid atmosphere,
Let the soft south-wind waft its music here.

―――――

소나무 꼭대기에 이는 나지막한 속삭임 소리
귓가에 들려오네.
마치 먼 데 어디선가 타는 하프 현처럼
상쾌한 공기 속에 떨리며
부드러운 남풍 타고 솔의 음악 실어 오네.

두 시에서 시인은 솔잎 사이를 지나오는 바람 소리를 음률로 듣고 있다. 동서고금을 초월하여 똑같이 솔바람을 음악으로 감상하는 게 흥미롭다. 어쩌면 구멍 없는 피리, 줄 없는 하프를 가지고 격외의 가락을 연주하는지도 모르겠다.

소나무는 침엽 교목으로 낙엽 활엽수보다 극한 환경에서 살아남는 강인함과 끈질긴 생존력을 가진 나무라 한다. 고산 암릉이나 깎아지른 바위기둥, 해안 바위 절벽 꼭대기에 있는 소나무를 보면 충분히 수긍이 가는 말이다. 중국 장가계는 하늘을 찌를 듯 솟은 천길 바위기둥들로 유명하다. 그 바위의 위태로운 정상과 벽면에 뿌리를 박고 있는 소나무는 과연 천하 절경이다. 금강산의 수정봉, 설악산의 울산바위와 용아장성 일대에 꿋꿋이 선 소나무, 해안 바위 끝을 집 삼아 선 양양 하조대의 소나무들…. 이들 소나무는 흙 한 줌 없는 척박한 바위에 뿌리를 내려 보는 이의 탄성을 자아낸다. 이들이 연출하는 비경은 보는 이에게 불굴의 힘과 감동을 준다. 어떻게 저런 위태로운 곳에 버티고 서서 살아남을 수 있는지. 깎아지른 바위기둥, 아득한 능선, 파도가 쉼 없이 때리는 해안 바위 절벽 끝…. 소나무 이외에 이런 곳에 자라는 나무는 보지 못했다.

어찌하여 솔씨는 저런 위태로운 곳에 날려가 떨어졌는지. 바위 꼭대기의 소나무는 어떻게 생존할 수 있을까? 비결은 우선 소나무의 뿌리에 있다. 소나무에는 수평으로 퍼져 있는 뿌리들이 있다. 이 뿌리가 바위의 갈라진 틈을 통해 이동하여 저장된 물과 영양분에 접근한다고 한다. 이 뿌리는 또 나무를 단단히 바위에 고정시킨다. 바람이 셀수록 뿌리를 깊고 튼튼히 박아 그 어떤 폭풍도 뽑지 못할 강인한 소나무가 된다. 또 솔잎은 왁스 층으로 덮인 바늘 모양으로 되어 있어 수분 증발을 최소화한다. 그래서 물이 거의 없는 바위에서도 견딜 수 있다. 뿐만 아니라 유연한 줄기와 바늘 잎은 소나무가 강풍에 견딜 수 있게 한다. 그래서 바위 절벽 끝의 소나무는 모진 아픔과 시련을 이겨내고 꿋꿋이 버티어 설 수 있다.

산중의 천인단애와 해안 암봉에 뿌리박은 소나무는 폭풍이 몰아치고 노한 파도가 바위를 때릴 때 자신의 진가를 보여준다. 지상에 있는 크고 우람한 적송도 바람에 가지가 꺾이고 뿌리가 뽑힐 때 암벽 위의 소나무는 칼바람이 휘몰아치는 고지를 늠름히 지키고 있다. 아득한 바위 끝에서 운해를 내려다보며 신비한 산 기운에 젖은 솔에는 속진을 떠난 기품이 서려 있다. 왕릉이나 사찰을 옹위하는 적송이 왕족이나 귀족의 풍모라면 이들은 도인이나 신선의 기상이다. 그래서 이들을 도송(道松) 또는 선송(仙松)이라 불러도 좋겠다.

소나무는 역경에서 빛나는 나무이다. 역경을 통해 생존하는 강인함을 가르쳐 주는 인생의 스승이다. 그는 말한다. 사는 것이 힘들 때 현기증 나는 암벽 끝에 수백 년을 버티고 있는 자신을 보라고. 어떤 풍우에도 꺾이지 않는 뿌리 깊은 나무가 있다고. 속세의 때를 벗고 슬픔과 근심, 고뇌를 초월한 탈속의 나무에서 자신을 완성한 삶의 모델을 본다. 세상에 나와 세상을 뛰어넘은 존재! 푸른 솔은 늘 흰 구름 걸린 암벽의 정상에 머무른다네.

손님은 어디에서 오셨습니까?

젊어서 고향 떠나 늙어서 돌아오니

고향 말씨 그대로되 귀밑머리 다 세었네.

아이들 나를 보고 알아보지 못하고

웃으면서 묻기를, 손님은 어디서 오셨느냐고.

––––––––

少小離鄉老大回(소소이향노대회)

鄕音無改鬢毛衰(향음무개빈모쇠)

兒童相見不相識(아동상견불상식)

笑問客從何處來(소문객종하처래)

이 시는 중국 당나라의 시인 하지장(賀知章)이 지은 〈회향우서(回鄕偶書)〉라는 칠언절구(七言絶句)이다. 제목은 '고향에 돌아와 우연히 쓰다'라는 뜻이다. 하지장은 7~8세기에 걸쳐 살았던 시인이다. 이 시는 시인이 50여 년 동안 관직에 몸담고 있다가 사퇴하고 고향인 저쟝성(浙江省) 시아오샨(蕭山)으로 돌아온 감회를 읊은 것이다. 그때가 서기 744년, 하지장의 나이 86세 때라고 한다.

시인은 짧은 시구에 무한한 감개를 실었다. 간결하고 쉬운 언어 속에 출향과 귀향, 세월의 흐름, 젊음과 늙음, 변화와 무상을 표현했다. 50여 년 만에 고향에 돌아온 감회를 고작 네 행에 담았지만 깊은 울림과 감동을 자아낸다. 이 시의 핵심은 결구이다. 아동의 입을 통해 표현한 시인의 깊은 충격과 무상감이 시 밖에까지 흘러넘친다. 이 시는 사실을 있는 그대로 담담히 말하고 있지만, 그것을 통해 강력한 시적 효과를 거두고 있다.

나는 10대에 고향인 안동시 풍산읍을 떠나 대도시와 서울에서 학교에 다녔다. 그 후 직장생활도 대부분 서울에서 한지라 하지장의 시에 공감하는 바가 컸다. 고향을 떠난 사람들에겐 보편적인 정서가 아닌가 싶다. 서울에서 살며 고향에 가는 것은 벌초하고 시사 지낼 때와 부모님 생신 때이다. 90년대에는 들를 때마다 그래도 고향 마을은 옛 모습을 그런대로 갖추고 있었다. 다 쳐봐야 십여 호 정도의 작은 마을이었다. 당시까지만 해도 고향에 들르면 마을 사람들이 다 알아보고 서로 인사를 나누었다.

그로부터 세월이 흐르자 분위기가 달라져 있었다. 고향에 들러 어쩌다 이웃 어른과 마주치면 처음에는 나를 알아보지 못했다. 그 어른도 주름살이 깊어졌고 허리도 더 굽어졌다. 나도 어린 시절 모습이 사라지고 중년으로 접어들었다. 한참을 서로 바라보다가 그 어른이 그제야 나를 알아보고 아무개 아니냐고 인사를 한다. 그 후 몇 년이 지나자 집집마다 노인들 몇 분들만 집을 지키고 계셨다. 아기 울음소리가 끊긴 지는 수십 년이 된 것 같다. 아이들 소리가 들리는 때는 도회지로 나가 사는 자식들이 어린 자녀들을 데리고 고향에 들를 때이다. 그다음에 고향을 찾았을 때는 노인분들은 하나둘 안 보이고 어느 해부터는 자취를 감추셨다. 도시에 사는 자식들이 모셔갔거나 돌아가신 것이다. 젊은 사람들도 찾아볼 수 없고 여기저기 빈집들만 늘어났다.

우리 집 사정도 비슷하였다. 어쩌다 들렀다가 떠날 때면 할아버지, 할머니, 아버지, 어머니가 집 앞 진입로에 나오셔서 우리 가족들을 배웅하셨다. 할아버지와 할머니, 그리고 나중에는 아버지와 어머니는 지팡이를 짚고 우리 가족을 실은 차가 안 보일 때까지 서 계셨다. 잠시 들렀다가 돌아오는 발걸음이 무거웠다. 지금도 고향 집을 생각하면 지팡이를 들고 대문 밖 진입로에 나와 서 계시던 조부모님, 부모님들 모습이 생각난다. 빛바랜 흑백 사진처럼 내 가슴속에 찍혀 있다. 18세기 영국의 낭만파 시인 새뮤얼 테일러 콜리지(Samuel Taylor Coleridge)의 표현을 빌리자면 '그림 바다에 뜬 그림 배처럼.(as a painted ship/Upon a painted ocean.)'

부모님은 오래전에 지은 큰 기와집에서 생활하시다가 사랑채 마당에 단출한 단층 양옥을 지어 이사(?)를 하셨다. 본채가 여기저기 퇴락하여 유지 보수가 어려워지고 모든 것이 불편했기 때문이다.

새집은 수도, 난방, 실내 화장실, 입식 부엌을 갖추어 기와집에 비하면 생활하기에 훨씬 편리하였다. 옛날 기와집에서도 전기밥솥과 가스불로 취사를 하였지만 여러 가지로 불편하였다. 재래식 화장실도 그 하나였다. 뿐만 아니라 방이 많고 대청마루를 포함해 이곳저곳 한번 청소하자면 젊은 사람도 힘이 빠질 지경이었다. 어린 시절 사랑 대청마루를 한번 쓸고 물걸레로 닦고 나면 무릎이 벗겨질 때도 있었다.

　나중에 아버지도 돌아가시고 어머니도 고향을 떠나시자 고향 집은 빈집이 되고 말았다. 그러고 나니 동네에는 사람 사는 집이 두 곳밖에 안 되었다. 해마다 벌초하러 내려가면 마당에 잡초가 어른 허리에 올 정도로 무성하게 자라 폐가를 방불케 했다. 대청마루로 오르는 높은 기단 밑에서 다정히 반겨 주던 채송화와 미러볼(mirror ball) 모양의 수국도 간 곳이 없었다. 본체의 기와지붕은 오랜 기간 풍우에 시달려 여기저기 무너졌다. 사랑채와 안채를 구분하던 중문과 담벽도 한 머리가 무너져 전체가 무너지는 것은 시간문제로 보였다. 이렇게 퇴락한 상태로 방치하면 안 될 것 같아 장손인 형님이 집을 모두 철거하는 결정을 했다. 기와집 본채, 행랑채, 고방과 곳간채, 사랑 변소와 안 변소, 그리고 마당에 지은 양옥, 잿간, 부속 건물까지 헐어냈다.

　선조 할아버지께서 수많은 어려움을 딛고 가세를 일으켜 세우시고 많은 공력을 들여 이 집을 지으셨다고 한다. 이 기와집을 지은 것은 당시로서는 집안의 큰 역사였음을 알 수 있다. 목재는 당시 최고의 건축 자재로 치는 춘양목을 썼다. 춘양목은 원래 금강송 또는 적송이라고도 한다. 봉화군 춘양면에서 나는 금강송을 산지 이름을 따 춘양목이라고 부른다. 집을 짓기 위해 80킬로미터 넘게 떨어진 춘양에서 춘양목을 운반해 왔다고 한다. 기와는 문경에 있던 기왓가마에서 가져온 것이라고 한다. 그렇게 지은 집이 세월이 가져온 변화에 밀려 퇴락하여 철거되었다. 철거될 때까지 마을에서 가장 큰 집이었는데.

나는 어려서부터 고향을 떠나고 싶어 했고 중학교를 졸업한 후 고향을 떠났다. 고향 집에 대해 큰 애착은 없지만, 본채 기와집과 관련하여 생각나는 몇 가지 기억이 있다. 여름에는 사촌들이 오면 장난도 치고 사랑 대청마루에 모기장을 치고 함께 잤다. 집이 바로 산 아래에 있어 새벽이면 선선했다. 홑이불을 덮어야 할 정도였다. 겨울이면 사랑방에 군불 때던 기억이 난다. 어머니가 일하시던 부엌에 땔감도 채워드렸다. 어머니는 워낙 깨끗하셨던 분이었다. 저녁 일이 끝나면 한겨울에도 물을 끓여 우리 형제들을 꼭 씻겨 재우셨다. 가사 노동만도 힘드셨을 텐데 매일 우리까지 씻기는 일을 빠뜨리지 않으셨다. 그리고 나서 어머니가 세수를 하셨는데 호롱불 아래에서도 얼굴이 반짝반짝할 정도였다. 가끔씩 겨울밤에는 홍시도 챙겨 주셨다.

아이들 다 씻기고 당신도 씻고 나면 라디오 연속극을 들었다. 제목은 〈왕비열전〉이었다. 이것은 여러 왕비들의 이야기를 그린 드라마였다. 당시에는 조선 시대 성종과 폐비 윤 씨의 이야기를 다루던 시기였다. 폐비 윤 씨가 사약을 받는 장면에서 눈물지으시던 어머니의 모습이 기억난다. 아버지는 '연극' 듣고 눈물 흘린다고 어머니를 놀리셨다. 그때가 1960년대 중후반인 것 같은데 그 드라마가 KBS 것인지 MBC 것인지 기억은 나지 않는다. 연속극이 시작될 즈음이면 큰 누나가 "왕비열전 한다!" 하며 외쳤다. 그 소리에 모두 서둘러 조그만 트랜지스터라디오 주위로 옹기종기 모여 앉았다. 고향의 어린 시절 따뜻한 기억으로 남아 있다.

빈집으로 퇴락한 채 있다가 철거된 지도 수년이 지났다. 이런 사정은 다른 집들도 마찬가지이다. 십여 호 되던 집들은 오래전에 사람이 떠난 후 철거되어 옛 모습은 찾을 수가 없게 되었다. 고향에 돌아와도 볼 수 없는 고향이 되었다. 고향에서 고향 잃은 실향민이 된 것이다. 고향은 옛사람도 그들이 살던 집도 없는 곳이 되었다. 댐 건설로 인해 수몰된 동네 주민들을 제외하면 베이비붐 세대인 우리가 고향에서 고향을 잃은 첫 세대가 아닐까 한다. "손님은 어디에서 오셨습니까?"라고 웃으며 물을 아동도 물론 없다. 그래도 돌아간 고향이 있고 비록 알아보지는 못해도 옛날 이웃의 후손들을 만난 하지장은 행복한 사람이다.

노산 이은상은 〈옛 동산에 올라〉에서 "내 놀던 옛 동산에 오늘 와 다시 서니, 산천의구란 말 옛 시인의 허사로고. 예 섰던 그 큰 소나무 베어지고 없구료. 지팡이 도로 짚고 산기슭 돌아서니, 이느 해 풍우엔지 사태져 무너지고, 그 흙에 새 솔이 나서 키를 재려 하는구료"라고 읊었다. 가곡으로도 만들어져 오랜 세월 동안 불린 이 노래는 가슴을 파고드는 제행무상의 비감함을 느끼게 한다. 나의 고향 마을은 거의 통째로 사라지다시피 했으니 노산의 시조에 어찌 견줄 수 있을까. 단오 무렵이면 새끼줄을 묶어 그네를 타던 소나무는 물론 없어졌다. 우리 논과 밭을 관통하여 새길이 나며 예전 모습은 간데없이 사라졌다. 초가가 있던 그 자리에 양옥이 들어섰다. 그것도 빈집으로 있다가 나중에 철거되었다. 무상한 것은 사람만이 아니라 산천과 국토도 마찬가지이다.

이 모든 것이 지방 소멸과 저출산이 빚은 결과이다. 경제협력개발기구(OECD) 국가 중 한국이 유일하게 합계출산율이 1명 아래로 떨어진 나라이다. 지방 소멸뿐만 아니라 국가 소멸과 인구 재앙에 대한 경고까지 나오고 있는 실정이다. 정부 통계에 따르면 2000년에 인구 소멸 위험 지역은 한 곳도 없었다. 그러나 2022년에는 115곳으로 폭증했다. 전국 228개 시·군·구 전체가 25년 뒤면 소멸 위험 지역에 진입할 것이란 섬뜩한 경고도 나왔다. 수도권에 집중되어온 개발 정책이 가져온 결과이다. 수도권과 대도시로 인구가 집중되다 보니 집값과 생활비, 교육비가 급등하게 되자 출산율도 떨어지게 된 것이다. 물론 결혼 기피 현상도 한몫했다.

〈장자(莊子)〉에 장자가 혜자(惠子)와 나누는 대화가 나온다. 혜자가 장자에게 장자의 말은 너무 고답적이어서 현실에서는 아무 쓸모가 없다고 했다. 장자가 이렇게 말했다. 쓸모없음을 알아야만 비로소 쓸모가 있음에 대해 더불어 말할 수 있다고. 장자가 계속 말했다. 무릇 천지는 넓지만 실제로 사람이 필요로 하는 것은 발로 밟는 크기만큼의 공간일 뿐이다. 그러나 그렇다고 해서 발의 크기를 재서 그 공간만 남기고 주위의 나머지 땅을 깊이 파 없애버리면 어떨까. 그러고서도 발을 딛고 있는 땅이 사람들에게 여전히 쓸모 있는 자리가 될 수 있겠는가? 혜자가 말했다. "쓸모가 없겠지." 장자가 말했다. "그렇다면 쓸모없는 것이 쓸모가 있다는 것도 분명한 사실이다." 장자는 이어 설명한다. 발이 땅을 밟는 경우 밟는 곳은 한 군데이지만 밟지 않는 나머지의 넓은 땅을 믿는 까닭에 사람은 자유로이 움직일 수 있다. 쓸모없는 것이 있어서 쓸모 있는 것이 있다고 말한다. 이것이 무용지용(無用之用)이다.

여기서 장자는 땅의 비유를 들어 혜자의 어리석음을 깨우쳐 준다. 지방 소멸과 인구 소멸의 위기를 보며 장자와 혜자의 대화가 생각난다. 그동안 정부가 근대화를 위한 개발 정책을 추진하면서 수도권과 일부 도시들만 중시하고 다른 지역을 홀대해 왔다. 발 디딜 만큼의 땅만을 바라보고 나머지 땅을 쓸모없다고 도외시한 것과 다를 바 없다. 그 결과 지방은 소멸의 위기에 놓였다. 출산율도 OECD 국가 중 꼴찌가 되어 인구 소멸 위기까지 맞게 되었다. 이제 이것이 국가 전체의 장기적 생존을 위협하는 지경에 이르렀다. 이 위기를 돌파할 해법은 있는가? 고향에서 실향민이 된 사람은 이런 말이라도 듣고 싶다. "손님은 어디에서 오셨습니까?"

3부

한 알의 모래 속에서 세계를 보고

―――――
한 알의 모래 속에서 세계를 보고 한 송이 야생화에서 천국을 보노라. 그대의 손바닥에서 무한을 쥐고 한 시간 속에서 영원을 잡노라.

수고하세요

 퇴근하거나 헤어질 때 남아서 일하는 동료나 후배들에게 우리는 "수고하세요"라고 한다. 수고는 한자로 受苦라고 쓰는데 괴로움(苦)을 받다(受)라는 뜻이다. 또 어떤 일이 끝났을 때도 그 일을 한 사람에게 "수고하셨습니다"라고 감사의 인사를 한다. 이와 유사한 인사말로 "고생하셨습니다"라는 말도 한다. 이도 한자어로는 苦生인데 '어렵고 고된 일을 겪음'이란 뜻이다.
 "고생하셨습니다"라는 말은 곧 괴로움을 겪었다고 위로와 감사를 표하는 말이다. 수고와 고생 두 단어에 들어 있는 苦 자는 '쓰다'나 '괴롭다'라는 뜻을 가진 글자이다. 苦 자는 초두머리(艹)와 옛 고(古) 자가 결합하여 만들어진 글자이다. 古 자는 발음 역할만 하고 초두머리(艹)가 뜻을 나타낸다. 苦 지는 풀이 매우 쓰다는 뜻인데 괴롭다는 것으로 의미가 확장된 것이라고 한다. "수고하다", "고생하다"라는 말이 일상생활에서 흔히 사용되는 것은 우리의 삶이 괴로움으로 가득하다는 것을 보여준다. 인생이 행복하고 즐겁기만 하다면 이런 말들은 없을 것이다. 그 대신 "수락(受樂)하세요(즐거움을 받으세요)" 또는 "수복(受福)하세요(복 받으세요)"라고 할 것이다.

인류의 역사는 채집과 수렵에 의존하던 원시시대부터 농경시대, 산업화 시대를 거쳐 인터넷과 인공지능이 주도하는 4차 산업 혁명 시대에 이르렀다. 이 발전 과정을 통해 웬만한 나라에서는 밥 굶는 문제는 해결되었다. 그렇다고 수고는 사라졌는가? 사람들마다 겪는 수고의 종류와 크기는 다르지만 지위 고하를 막론하고 수고로부터 자유로운 사람은 없다. 세 끼 밥 먹고 가족들 건사하기 위해 저임금에 장시간 힘든 노동을 하는 사람들이 먼저 떠오른다. 좋은 직장에서 고임금을 받는 사람들도 월급 값하자면 일찍 출근하고 늦게 퇴근하여 어린 자식 얼굴 보기 어렵다.

먹고살기 위해 휴일에 출근해야 사람들도 많다. 약자는 강자의 갑질을 견뎌내야 하고 하급자는 상급자의 눈치를 살펴야 하는 괴로움이 있다. 중소기업은 대기업의 횡포를 참아야 하고 약소국은 강대국의 침공 위협에 시달린다. 권력자나 재벌들도 권력과 돈의 단맛을 즐기지만, 그것은 영원한 것이 아니다. 항상 권력과 돈을 빼앗기지 않기 위해 분투해야 하고 잘못하면 추락하여 쇠고랑을 차게 된다. 돈 많은 거부들은 있는 돈 지키기 위해 또 더 가지기 위해 머리를 짜내고 노심초사한다. 인간 세상은 욕망이 충돌하는 욕계이다. 한정된 재화와 지위를 두고 수많은 사람이 경쟁하고 투쟁하는 세계이다.

고(苦)는 불교의 핵심 개념으로서 '수고하다'라는 말이 광범위하게 사용되는 것은 한국의 불교 문화와 불가분의 관계를 갖고 있다. 약 1600년 동안 불교가 한국인의 삶 속에 녹아들어 언어생활에도 많은 자취를 남겼는데 '고'도 그 예라고 할 수 있다.

불교에서는 인간이 사는 이 세상을 사바세계(娑婆世界)라고 한다. 이는 산스크리트어인 사하 로카 다뚜(saha loka dhatu)를 음역한 것으로 감인토(堪忍土), 즉 참고 견뎌야 하는 세계라는 뜻이다. 그래서 세상을 괴로움의 바다, 고해(苦海)라고 부른다. 고의 의미를 심층적으로 이해하자면 불교에서 보는 고의 의미를 살펴봐야 한다. 부처는 헤아릴 수 없는 생사윤회를 거듭하면서 흘린 중생의 눈물이 대양의 물보다 많다고 했다.

불교에서 말하는 고(苦)는 고대 인도어인 산스크리트어로 두카(duḥkha)이다. 두카는 고통, 불행, 아픔, 불만족, 스트레스, 불쾌, 슬픔, 곤경, 비참, 비탄 등을 가리키는 단어였다고 한다. 이렇게 많은 뜻이 있으니 한마디로 번역하기 어려운 용어이다. 중국에서는 두카(duḥkha)를 고(苦, suffering)로 번역했는데 산스크리트어의 의미를 다 담아내지 못하고 있다. 그래서 최근에는 두카를 불만족(unsatisfactoriness)으로 번역하는 경우도 있다. 두카는 수레바퀴 축이 들어가는 구멍을 가리키는 아리안어에서 파생된 것이라고 한다. 두카는 이 구멍이 수레바퀴의 중심에 위치하지 못하여 수레가 덜커덩거리며 나아가 수레를 탄 사람이 불편하다는 의미라고 한다.

어쨌든 이 고(苦)에는 여덟 가지가 있다. 먼저 생로병사(生老病死)

사고(四苦)가 있다. 그리고 사랑하는 대상과의 이별하는 고통을 가리키는 애별리고(愛別離苦), 싫어하는 대상과 만나는 고통인 원증회고(怨憎會苦), 얻으려 해도 얻을 수 없는 고통인 구부득고(求不得苦), 오온(五蘊)으로 구성된 인간의 본질적 고통인 오취온고(五取蘊苦) 사고(四苦)가 있다. 이 사고(四苦) 한 쌍을 팔고(八苦)라고 부른다. 오취온고(五取蘊苦)는 오음성고(五陰盛苦)라고도 부르는데 오온에 대한 탐착 때문에 생기는 괴로움을 가리킨다.

오온은 다섯 무더기(heap)라는 뜻인데 인간 존재의 해체주의적 분석이다. 인간을 해체하여 분석해 보면 색(色), 수(受), 상(想), 행(行), 식(識)이란 다섯 무더기로 구성되어 있다. 그래서 인간을 오온신(五蘊身)이라고 부른다. 색은 물질, 즉 몸이며 수, 상, 행, 식은 정신을 말한다. 색은 사대(四大), 즉 지(地), 수(水), 화(火), 풍(風)을 가리킨다. 각각 땅의 요소, 물의 요소, 불의 요소, 바람의 요소를 의미한다. 단단한 뼈는 땅의 요소이며, 피 같은 액체는 물의 요소이며, 따뜻한 체온은 불의 요소이며, 숨은 바람의 요소이다. 수(受)는 느낌, 즉 감수 작용, 상(想)은 인식 작용, 행(行)은 수, 상, 식을 제외한 여러 가지 심리 현상을 가리키며 식(識)은 판단 식별하는 인식 주체로서 대상을 아는 마음을 가리킨다. 사대(四大)를 색신(色身)이라 하고 수상행식을 명신(名身)이라 한다.

수상행식 사온(四蘊)은 작용은 있지만, 모양도 색깔도 없이 이름만 있다 하여 명신(名身)이라 한다. 인간은 오온이 인연 따라 일시적으로 모인 무상한 존재이다. 인간은 이를 영원불변의 고정된 실체로 인식하고 애착하기 때문에 오온이 흩어질 때 고통을 느낀다. 이것이 오음성고(五陰盛苦)이다. 여기서 인연(因緣)은 조건을 말하는데 인(因)은 직접적인 조건을 말하고 연(緣)은 간접적인 조건을 말한다. 볍씨는 인이며 농부의 마음, 토양, 햇볕, 물 등은 연인데 인과 연이 화합해야 쌀을 얻을 수 있다. 생로병사는 인간이라면 피할 수 없는 생물학적 고이며 애별리고, 원증회고, 구부득고는 사회생활을 하며 겪는 사회적 고이다. 오음성고는 형성된 다섯 무더기 안에 잠재하는 내재적 고이다.

불교는 왜 고만을 이야기하는가? 많은 사람이 이런 질문을 한다. 이에 대해 불교는 이것은 잘못된 질문이라고 본다. 왜냐하면 부처는 괴로움의 존재뿐만 아니라 괴로움에서 벗어나 영원한 안락을 얻는 방법을 제시하기 때문이라고 한다. 따라서 불교는 비관주의도 낙관주의도 아니며 존재의 실상을 있는 그대로 보는 리얼리즘이라고 말한다. 불교는 불교가 삶의 가장 큰 문제인 괴로움과 괴로움의 소멸 방법을 제시하는 현실주의적 종교라고 설명한다. 이것이 삶과 존재에 대한 불교의 입장이다.

불자들은 고와 고의 소멸에 관하여 가끔 다음과 같은 비유를 한다. 환자를 치료할 때 큰 병을 대수롭지 않게 진단하는 의사와 가벼운 병을 심각한 병으로 진단하는 의사가 있다면 환자는 어떻게 되겠는가. 환자의 병을 있는 그대로 진단하여 그에 합당한 처방을 내리는 사람이 올바른 의사라고 말한다. 물론 플라시보 효과처럼 환자에게 필요할 경우 의사는 있는 그대로의 진단에 약간의 변화를 주는 방편을 쓸 수는 있을 것이다.

또 흔히 하는 질문이 있다. 인간의 삶에는 낙도 있는데 왜 고만 이야기하는가? 이에 대해 불교는 삶에는 낙도 있다는 것을 당연히 부정하지 않는다. 살다 보면 괴로움으로 고통받는 것만이 아니라 즐거움과 행복을 누릴 때도 있다. 어떤 사람들에게는 괴로움보다 즐거움과 행복이 훨씬 더 많다. 그러나 거시적 안목으로 보면 그것은 영원히 변치 않는 즐거움과 행복이 아니다. 그것은 자신이 지은 선업과 복, 노력의 대가로 누리는 과보로서 그 복이 다하면 사라진다. 이것을 유루복(有漏福)이라고 한다. 유루복은 '새는 복'이다. 마치 하늘을 향해 쏜 화살이 힘이 다하면 땅에 떨어지는 것과 같다. 위에서 열거한 사고(四苦)와 팔고(八苦)는 세상살이에서 누구나 피할 수 없는 괴로움이다. 특히 오음성고(五陰盛苦)는 인간이 복락을 누릴 때조차도 잠복해 있는 잠재적 고이다. 이것이 불교가 고와 낙을 보는 관점이다.

안수정등(岸樹井藤)의 비유는 괴로움에 처한 인간의 실존을 극명하게 보여준다. 안수란 강둑에 있는 나무이고 정등은 우물가의 등나무이다. 내용은 이렇다. 어떤 사람이 광야를 헤매다가 사나운 코끼리를 만나 쫓기게 된다. 황급히 도망치다가 강둑에 있는 우물을 발견하고 등나무 넝쿨을 잡고 내려가 숨는다. 그런데 정신을 차리고 보니 흰 쥐와 검은 쥐가 번갈아 가며 그가 매달려 있는 등나무 줄기를 갉아 먹고 있다. 우물 안의 벽에는 네 마리의 독사가 혀를 날름거리며 나그네를 물려 하고 있다. 더구나 우물 바닥에는 큰 독룡(毒龍)이 나그네가 떨어지기를 기다리고 있다. 나그네가 겁에 질려 벌벌 떨고 있는데 마침 등나무 넝쿨에 있는 벌집에서 꿀이 몇 방울 그의 입속으로 떨어진다. 나그네는 꿀의 단맛에 취해 자신이 처한 위험을 잊고 꿀 먹는 데 몰두하고 있다.

여기에 등장하는 사람은 무명 중생이며 광야는 육도윤회하는 중생세간을 가리킨다. 코끼리는 세월, 등나무 넝쿨은 생명줄, 흰 쥐와 검은 쥐는 낮과 밤, 네 마리의 독사는 인간의 사대인 지수화풍, 독룡은 죽음, 벌집에서 떨어지는 꿀은 오욕락, 즉 재욕, 색욕, 식욕, 명예욕, 수면욕이 만족되었을 때 느끼는 즐거움을 상징한다.

우리의 삶에는 달콤한 즐거움도 많지만, 그것은 무상하여 영원하지 않으며 불만족과 괴로움이 항상 따른다. 그리고 즐거움도 한계효용 체감의 법칙에 따라 어느 정도 시간이 지나면 시들해진다. 지속 가능한 행복이 아니다. 그래서 수고(受苦)하세요라고 하는 인사에는 삶에 대한 깊은 성찰이 들어 있다.

수고라는 달갑지 않은 삶의 본원적 진실 가운데서 우리는 또 "안녕하세요", "안녕히 계세요"라고 인사한다. 여기에는 안녕하기 위해 수고해야 하는 삶의 모순이 있다. 인생은 고락이 동전의 양면과 같이 항상 서로를 떠나지 않는 야누스적 삶이다. 인간은 등나무 넝쿨에 매달려 죽을힘을 쓰면서도 어쩌다 떨어지는 꿀 몇 방울에 얼마 후 닥칠 죽음을 잠시 잊어버리는 존재에 비유된다. 등나무 넝쿨을 잡고 올라가면 코끼리에게, 우물 바닥에 떨어지면 독룡에게 죽임을 당하는 진퇴양난의 운명을 피할 길이 없다. 지어놓은 업과 복, 노력에 따라 경험하는 즐거움과 괴로움이 차이가 나지만 몇 방울의 꿀과 목숨을 바꾸는 곳이 사바세계이다. 중생세간은 이런 거래가 끊임없이 이루어지는 곳이다. 도르래에 걸린 두레박처럼 생사의 수레바퀴는 시작 없는 시작부터 영겁을 두고 돌아간다. 이것은 그리스 신화에 등장하는 시지프의 이야기와 흡사하다. 시지프는 신들을 기만한 죄로 죽은 후에 산꼭대기로 바위를 올려놓는 벌을 받는다. 힘겹게 바위를 정상에 밀어 올려놓으면 금방 아래로 굴러떨어진다. 다시 밀어 정상에 올려놓으면 또 굴러떨어지고 그때마다 바위를 다시 밀어 올려야 하는 것이 시지프의 운명이다.

종교가 다르다고 하여 삶의 괴로움이 없는 것이 아니다. 기독교나 이슬람교 신자들도 불교에서 말하는 4고8고를 벗어날 수 없다. 독일의 철학자 니체는 산다는 것은 괴로움을 겪는 것이라고 했다. 그러면 삶의 고를 해결하는 방법은 있는가.《앙굿따라 니까야》의 〈채찍경〉에서 부처는 이런 말을 한다. "세상에는 네 종류의 좋은 말이 있다. 어떤 말은 채찍의 그림자만 보고도 '조련사가 오늘은 나에게 어떤 일을 시킬까? 내가 어떻게 하면 그가 기뻐하고 그에게 보답하는 일이 될까?' 하며 의욕이 생겨나고 절박함이 일어난다. 이것이 첫 번째 좋은 말이다." 이어서 세 종류의 말을 이야기한다. 두 번째 말은 채찍이 털을 파고들어야 의욕이 생겨나고 절박함이 일어난다. 세 번째 말은 채찍이 살을 파고들어야 의욕이 생겨나고 절박함이 일어난다. 네 번째 말은 채찍이 뼈를 파고들어야 의욕이 생겨나고 절박함이 일어난다.

이어서 인간을 각각 이 네 종류의 말에 비유한다. 첫 번째는 옆 마을에서 누군가가 고통에 시달리다 죽었다는 소문을 들으면 마음속에 절박함이 일어난다. 지혜롭게 자신을 독려하고, 몸으로는 진리를 실현하고, 통찰 깊은 지혜로써 세상을 꿰뚫어 본다. 이 사람은 채찍의 그림자만 봐도 의욕과 절박함이 일어나는 준마에 비유된다. 다음은 소문이 아니라 누군가가 고통에 시달리다 죽는 모습을 직접 보아야 마음속에 절박함이 일어나는 사람이다. 소문을 듣거나 직접 보는 것이 아니라 자신의 친지나 혈육이 고통에 시달리다 죽고 나면 그제야 마음속에 절박함이 일어난다. 이 사람이 세 번째이다. 어떤 사람은 자신이 병으로 고통 받고 생명을 위협받을 때에야 비로소 마음속에 절박함이 일어난다. 이 사람이 네 번째이다.

〈채찍경〉은 무상의 진리를 꿰뚫어 보는 지혜로운 사람은 절박성을 느끼며 최상의 진리를 제일 먼저 체득한다는 것을 보여준다. 지혜로운 이는 다섯 무더기로 이루어진 인간, 그리고 형성된 것의 취약성을 절감한다. 절박한 마음으로 수행하여 최상의 진리를 체득하여 윤회의 집을 떠나 무위의 집에 들어간다.

인생을 살다 보면 이런저런 부고를 많이 받는다. 직장생활을 하는 동료들의 관계인, 지인, 친척 등 멀고 가까운 사람들의 죽음을 듣는다. 나와 매우 가까운 친척이나 가족들이 아니면 조의를 표하고 지나간다. 채찍의 그림자만 보고도 달리는 말처럼 그 부고가 수행을 자극하여 최상의 진리를 체득하는 것으로 연결되지 않는 것이 대부분이다. 도를 찾는 수행자가 아니면 대체로 네 번째 말에

속한다. 그가 절박성을 느끼고 노력을 시작할 때는 이미 늦은 시간이다. 설사 발심하여 수행한다고 해도 괴로움에서 완전히 벗어날 가능성은 매우 낮다.

안수정등의 비유는 인간의 실존을 적나라하게 드러내고 괴로움과 괴로움의 소멸의 중요성을 실감 나게 보여준다. 아울러 꿀 몇 방울이 나그네를 구하지 못하듯이 밖에서 얻는 것, 즉 감각적 욕망의 만족으로 괴로움을 벗어날 수 없다는 것을 절감하게 한다. 〈채찍경〉은 통찰의 지혜를 통해 최상의 진리를 증득해야 영속적인 즐거움과 행복을 얻을 수 있다는 것을 강조한다. 동시에 수행자들의 방일과 나태를 경계하고 있다. 그러고 보면 출세간의 도리도 역시 수고를 통해 안녕을 얻는 것임을 알 수 있다. 수고하세요. 세상살이에서 이 인사가 사라질 날이 있을 것 같지 않다. 수고(受苦)가 곧 수락(受樂)의 어머니이니. 예까지 읽으시느라 수고하셨습니다.

무상, 무아, 메타모르포시스

 작년 처음으로 고향에서 열린 초등학교 동창회에 나갔다. 중학교를 졸업하고 고향을 떠난 후 40년 만에 처음으로 어린 시절의 동급생들을 만났다. 개교 80주년 기념이라고 동창회 간부들이 기획한 행사였다. 몇몇 친하게 지냈던 친구들을 제외하고는 이름은 물론이고 얼굴조차 기억나지 않는 중년의 남녀들이었다. 세파가 할퀴고 간 흔적들이 완연한 모습으로 악수하고, 명함을 건네고, 어디서 뭐 하느냐 묻고, 옛날의 추억을 되새기며 그렇게 만났다. 무슨 보물찾기를 하듯 아득한 옛날의 기억을 찾아 수십 겹 쌓인 망각의 먼지를 한 켜씩 걷어내며 우리는 그렇게 재회했다. 이름표를 가슴에 달지 않았다면 어떻게 부를지 몰라 난감했을 것이다.
 수많은 낯선 얼굴들 못지않게 생소한 것은 누군가 가져온 초등학교 졸업 앨범에 찍힌 나 자신의 모습이었다. 빛바랜 흑백 사진의 정지된 시간 속에 남아 있는 조그만 소년. 아, 이 아이가 나라니. 14

세의 이 어린이가 50대 중반으로 접어든 현재의 나와 같은 인간이란 말인가? 그러면 나는 누구인가? 40년이란 긴 시간의 양변에 자리 잡은 이 두 모습 중 누가 나의 참모습인가? 돌 사진과 현재의 나를 비교해 보면 그 변화는 더욱 클 것이다.

생물학적 존재로서의 인간은 고정불변의 자기 동일적 실체가 아니다. 인간은 항상 단일한 하나의 상태로 존재하며 자신을 통제할 수 있는 실체, 즉 상일주재(常-主宰)적 존재가 아니라 끊임없이 변화하는 유기체이다. 스웨덴의 스톡홀름에 있는 카롤린스카 연구소 세포분자생물학과의 요나스 프리센 박사의 연구팀이 탄소의 방사성 동위원소인 탄소-14를 이용하여 인체를 구성하는 세포의 수명을 조사했다. 그 조사에 따르면 성인 한 사람의 육체를 구성하는 모든 세포의 평균 수명은 7년에서 10년 사이라고 한다. 다시 말하면 7년에서 10년 사이에 인체의 세포들이 죽고 새로운 세포로 대체된다는 것이다. 피부를 구성하는 표피 세포는 약 2주마다 새로운 세포로 대체되고 적혈구 세포는 넉 달 만에 교체된다. 체내의 독성을 제거하는 청소 기능을 담당하는 간세포는 3백 일에서 5백 일 사이에 새로운 세포로 교체된다. 장 점막 세포는 그 수명이 불과 5일에 지나지 않는다. 장 세포는 15.9년, 골격 세포는 10년, 갈비뼈 사이의 늑간 근육은 15.1년이다. 다만 뇌세포는 대부분이 평생 교체되지 않아 태어날 때와 거의 다를 바 없다고 한다. 사람의 세포 수는 체중과 키에 따라 개인차가 있긴 하나 보통 60조에서 100조 사이로 생성된 후 일정 기간이 지나면 분열에 의해 새로운 세포로 대체

되는 생성 주기를 밟는다고 한다.

  이렇게 수많은 세포가 각각 주어진 수명에 따라 생성과 소멸을 끊임없이 이어가는 것이 생물학적 존재로서의 인간이다. "어쩌면 십 년 전이나 똑같아요. 더 젊어지신 것 같아요"라는 말을 들으면 사람들은 기뻐한다. "십 년 전이나 똑같다"는 말은 정치적으로는 옳은 발언이겠으나 과학적으로 보면 가당찮은 이야기이다. 인체의 늙은 세포가 새로운 세포로 끊임없이 교체되기 때문에 더 젊어지신 것 같다는 말은 맞는 것처럼 들리나 실상은 그렇지 않다. 왜냐하면 늙은 세포가 분열을 통해 새로운 세포를 만들 때 그 복제된 세포는 복제 횟수가 많아질수록 기능이 저하되기 때문이다.

  그렇다면 40년 전의 나는 현재의 나와 같은 사람인가 다른 사람인가? 적어도 세포생물학적으로는 거의 대부분 완전히 다른 인간이다. 변하지 않는 DNA라는 유전 정보를 제외하면 그렇다. 그러면 인간의 정신적 존재는 어떨까? 초기불교 경전인 〈증일아함경〉에 이런 말이 있다. "마음은 쉬지 않고 나무 사이를 타고 다니는 원숭이와 같다. 그러므로 항상 마음을 안정시키고 항복 받아야 한다." 선가(禪家)에 심원의마(心猿意馬)라는 말이 있는데 이는 마음은 원숭이 같고 뜻은 말과 같다는 의미이다. 번뇌로 사람의 마음이 잠시도 고요하지 못하고 언제나 어지러움을 이르는 말이다. 현대 뇌과학 이론에 따르면 하루에 인간의 뇌는 8만에서 10만 번 사이의 생각을 한다고 한다. 천사만념(千思萬念)이라는 사자성어는 결코 과장이 아니다. 그리고 현대인들의 마음 작용은 우리 조상들의 그것보다 훨씬 더 복잡한 것 같다. 옛날보다 사회가 복잡다기해졌고 자극도 늘어났기 때문이다. 어떤 주장에 의하면 현대인들의 뇌는 조부모 세대의 그것보다 일곱 배에 해당하는 자극에 노출되어 있다고 한다. 한시도 스마트폰에서 눈을 떼지 않고 무엇인가 열심히 검색하고 문자를 보내고 음악을 듣고 게임을 하는 현대인들의 모습을 보면 이 말이 이해가 가고도 남는다.

불가에서 마음을 원숭이에 비유한 것은 참으로 적합한 것 같다. 마음은 이 가지에서 저 가지로 잠시를 쉬지 않고 날아다니는 원숭이와 여기저기 뛰어다니는 고삐 풀린 망아지와 같다. 이런 마음을 붙잡아 길들이는 것이 명상이나 참선이다. 잠시라도 마음을 한 군데 집중하여 안정시키는 것은 쉽지 않다. 굳이 전문적인 수행을 할 필요도 없이 당장 1분이라도 마음 붙잡아두기 시험을 해보면 알 수 있다. 우리는 식사를 하면서도 마음은 내일의 일정에 가 있고, 운전하면서도 어제의 서운했던 일을 생각하고, 샤워하면서도 월요일의 주가가 어떻게 될지 고민한다. 마음의 변화무쌍함과 그 속도는 참으로 종잡을 수 없어 우리는 잠시도 '지금 이 자리(here and now)'에 머물지 못한다. 그래서 우리는 현재를 사는 것이 아니라 과거와 미래에 살고, 여기가 아닌 저기와 거기에 방황하고 있다.

위에서 보았듯이 인간은 육체적으로나 정신적으로나 항구불변의 고정된 자아가 아니라 쉼 없이 흐르는 강물처럼 일순도 정지되지 않는 가변적인 존재이다. 그리스의 자연철학자 헤라클레이토스는 이런 변화를 "사람은 같은 강에 두 번 들어갈 수 없다"는 말로 표현했고 불교에서는 제행무상(諸行無常)이라고 부른다.

찻숟가락으로 잔에 든 커피를 한 바퀴 젓는 것을 생각해 보자. 원주 1도 지점에서 찻숟가락을 잡은 손가락과 2도 지점에서 찻숟가락을 잡은 손가락은 이미 같은 손가락이 아니다. 손가락 세포 속의 분자와 원자들은 너무나 빠른 속도로 움직이기 때문이다. 이것이 무상이다. 항상 존재하는 고정된 자아가 없으므로 모든 현상은 무상하다. 무상하므로 나라고 할 것이 없는 무아(無我)이다. 무아론은 다른 종교에서는 볼 수 없는 불교의 핵심 교리이다. 내 것이라면 내 마음대로 할 수 있어야 한다. 아프지 말라고 하면 안 아파야 하고 행복하라고 하면 행복해야 한다. 그러나 어디 그런가. 내가 애지중지하는 몸도 잘 먹이고 잘 입혀도 나의 희망과 상관없이 나이 들면 고장이 난다. 그리고 인생살이에 근심·걱정 거리가 없어지지 않는다. 몸도 마음도 나의 것으로 생각하지만 실제로는 내 것이 아니다. 내가 어떻게 할 수 없는 것이다. 그래서 모든 현상, 즉 제법(諸法)은 찰나마다 변화하여 무상하고 고정불변의 자아가 없는 무아이다. 모든 현상은 무아이기 때문에 공(空)하다. 이것이 불교가 가르치는 비실체론적 세계관이다. 그러나 우리는 끊임없이 찰나생 찰나멸하는 현상을 고정된 실체로 파악한다. 폭포는 쉼 없이 움직이지만 먼 곳에서 보면 얼음 기둥이나 옥양목을 걸어놓은 것으로 인식된다. 쥐불놀이할 때 돌리는 불 깡통도 빠르게 돌리면 화륜(火輪)처럼 연속된 실체로 파악된다.

물론 인간만이 비고정 비불변의 존재인 것은 아니다. 모든 현상이 다 그렇다. 흐르는 강물이나 숲을 지나는 바람이나 그 바람을 타고 하늘에 떠다니는 구름이나 그 본성은 공하다. 강물이 햇볕을 받아 증발하여 구름이 되고, 구름이 바람에 실려 다니다가 비가 되어 다시 강으로 내려와 물이 되고, 물이 얼어 얼음이 되고, 얼음이 녹아 물이 되고, 물이 다시 증발하여 구름이 된다. 이런 물의 여행과 마찬가지로 생명이 있는 것들도 세포의 성장과 분화를 통해 변신을 한다. 곤충의 한살이를 보면 그 변화가 놀랍다. 알이 애벌레가 되고 그것이 번데기가 되고 번데기가 변해서 나비가 된다. 한 단계에서 다음 단계로 큰 변태를 이루어가는 유기체의 변신을 메타모르포시스(metamorphosis)라고 부른다. 곤충의 메타모르포시스는 하찮게 보일지 몰라도 인간에게 시사하는 바가 크다. 일반적인 세포의 성장과는 달리 미숙에서 성숙으로 진화하며 행동과 습관의 고도화를 획득하기 때문이다.

인간이 느끼는 공포 중에 가장 무서운 것은 아마도 죽음에 대한 공포일 것이다. 생물학적으로나 정신적으로나 무상하며 무아인 존재에게 죽음은 숙명이다. 그러나 무상은 두려움이자 또한 축복이다. 무상하지 않다면 알이 나비로의 비상(飛上)을 알 수 없고 씨앗이 장미꽃의 향기를 얻을 수 없기 때문이다. 무상함으로써 볍씨가 우리의 식탁에 오르는 밥으로 변신하는 것이다. 그러므로 무상은 생명의 에너지, 생명 그 자체이다. 무상은 죽음이자 탄생인 모순의 변주곡이다. 동전처럼 한몸이면서 양면성을 갖고 있다.

이상에서 보듯이 존재의 현상은 고정된 실체로 보이나 실상은 무상과 무아이다. 이런 인간의 실존은 종종 상반되는 행동 양식을 낳는다. 허무주의와 그것을 잊는 대안으로서의 쾌락주의가 그 하나이고, 종교적 금욕주의와 명상적 초월주의가 다른 하나이다. 흔히 하는 말로 9988이라는 것이 있다. 99세까지 팔팔하게 살다가 백 세에 간다는 것이다. 허무하고 무상한 인생에서 최대의 감각적 쾌락을 빨아내는 것, 즉 탐닉의 최대치가 인생의 목표이자 가치인 삶이다. 이 반대 선상에 있는 것이 욕망의 억제와 고행을 통해 자리이타와 초월을 구하는 종교적 삶의 실천이다. 알에서 애벌레로, 번데기에서 나비로의 변신은 초월적이다. 점에서 선으로 면으로 공간으로, 즉 1차원에서 2차원, 3차원으로의 이동이 실현되고 비상의 자유와 새로운 세상의 발견이 거기에 있기 때문이다.

 7~10년 단위로 새로이 대체되는 육신과 하루에도 수만 번 이 가지에서 저 가지로 분주히 뛰어다니는 원숭이를 마음속에 가진 인간은 애벌레의 메타모르포시스에서 삶의 힌트를 얻을 수 있다. 그것은 나비의 꿈을 안은 채 움직임을 멈추고 비상과 자유를 준비하는 번데기처럼 마음속의 원숭이를 붙들어 매는 것이다. 그리고 인간에 걸맞은 메타모르포시스를 한번 꿈꾸어 보는 것이다. 인간의 삶이란 것은 대체로 쾌락과 허무가 검은 아가리를 벌린 계곡과 초월이란 건널 수 없는 강물 사이를 오가는 것이다. 초등학교 졸업 앨범 속에 사진으로 남은 소년 시절부터 40년이 지나는 동안 그 계곡과 강물 사이를 얼마나 왕래했던가? 메타모르포시스의 꿈을 꾼다면 저 강을 건널 뗏목 하나는 있어야 한다. 그래야 허무의 계곡

과 깊은 강물 사이에서 일상의 쳇바퀴를 돌리는 비관적 상황에서 출구를 모색할 수 있다. 비상과 자유를 얻지 못한다 해도 소란한 원숭이 때문에 복잡하고 피곤한 마음을 쉬고 평화를 얻게 될 테니.

바보와 네 아내

옛날 어떤 사람에게 아들이 하나 있었는데 세상에 없는 바보였다. 어느 날 아버지가 아들을 불러 "오늘은 아침 먹고 나서 장에 좀 다녀와야겠다"라고 말했다. 아침 식사 후 아버지가 심부름을 시키려고 아들을 찾으니 어디로 갔는지 종적이 없었다. 오후에 아들이 나타나서 아버지에게 "장에 다녀왔습니다"라고 말씀드렸다. 아버지는 기가 막혀 할 말을 잃었다. 한참을 있다가 옆에 있던 지팡이를 아들에게 건네주며 이렇게 말했다. "너보다 더한 바보를 만나면 이 지팡이를 주도록 해라." 어느 날 바보 아들이 나무를 한 짐 해가지고 집에 와보니 어머니가 울고 있었다. 어머니에게 왜 그러시느냐고 물으니 아버지가 위독하여 돌아가실 것 같다고 대답하였다. 아들이 방에 들어가 아버지에게 무슨 일이시냐고 물으니 "이제 저세상으로 가려고 그런다"라고 대답하였다. 이어서 부자간에 이런 문답이 이어졌다.

"저세상이 어딘가요?"

"모르겠다. 가봐야 알지."

"가는 데 시간은 얼마나 걸리며, 노자는 얼마나 필요한가요?"

"모른다."

"지금 떠나면 언제쯤 돌아오시나요?"

"그것도 모른다."

아버지는 숨을 헐떡이며 모두 모른다고만 하였다.

바보 아들은 곧 제 방으로 가더니 예전에 아버지로부터 받은 지팡이를 들고 와서 아버지에게 말했다.

"아버지 이것 가지세요."

"뭐냐?"

"바보 지팡이요. 이 세상에서 아버지보다 더한 바보는 없는 것 같네요" 하고는 지팡이를 건네 드렸다. 이것은 불교 설화집에 나오는 이야기이다.

똑똑한 사람의 원수는 될지언정 바보의 부모는 되지 말라는 말이 있다. 중국 전국시대의 사상가인 묵자의 말이라고 한다. 이 설화는 바보의 부모가 겪는 심화를 이야기한다. 그러나 이 이야기가 진정 드러내고자 하는 것은 바보 자식을 둔 부모의 심경이 아니다. 바보 아들이나 아버지는 우리들의 비유이다. 아버지는 정상적인 사람으로 보이긴 하나 어디서 왔다가 어디로 가는지 모르는 것은 바보 아들이나 마찬가지이다. 이 설화는 어디서 왔다가 어디로 가는지 모르는 인간을 바보 아들을 통해 일깨워준다.

셰익스피어의 비극 〈맥베스〉 5막 5장에서 주인공 맥베스는 파멸의 막다른 골목에 이르러 이런 말을 한다. "우리가 지나온 어제는 모두 바보들이 먼지 자욱한 죽음으로 가는 길을 비추었도다. 꺼져라, 꺼져라, 잠시 반짝이다 사라지는 촛불이여!(And all our yesterdays have lighted fools/The way to dusty death./Out, out, brief candle!)" 그리고 같은 독백의 마지막에서 다음과 같은 말을 내뱉는다. "인생은 다만 걸어가는 그림자, 주어진 시간에 무대에서 으스대고 초조해하는 불쌍한 배우. 그러고는 아무 소리도 들리지 않는 것. 인생은 백치가 지껄이는 이야기, 소리와 분노로 가득 찼지만 아무런 의미도 없네.(Life's but a walking shadow, a poor player,/That struts and frets his hour upon the stage,/And then is heard no more./It is a tale/Told by an idiot, full of sound and fury,/Signifying nothing.)" 여기에서 셰익스피어는 맥베스의 입을 빌려 인간을 바보(fool)와 백치(idiot)에 비유했다.

철학자 한자경 교수는 자신의 저서 《심층 마음의 연구》 서문에서 이렇게 쓰고 있다. "버스가 어디로 가는지, 왜 그 버스를 탔는지도 모르는 채 버스에 앉아 있는 사람을 보면, 우리는 그 사람을 정신 나간 사람이라고 여길 것이다. 하루를 그러고 돌아다녀도 정신 나간 짓일 텐데, 평생을 그러고 산다면 어찌 제정신이라고 할 수 있을까." 이어서 "나는 누구이며, 존재와 삶의 의미는 무엇인지, 무엇을 위해 사는지 아는 사람이 있을까"라고 묻는다. 여기에서 인간은 바보 정도가 아니라 정신 나간 사람이라고 불린다.

위에서 든 세 이야기에 나오는 인간은 바보이며 백치이며 정신 나간 사람이다. 만권시서를 읽은 석학이나 스스로 똑똑하다고 자부하며 권력, 돈, 명예를 다 가진 사람이라도 이 범주에서 벗어날 수 없다. 이들만은 못해도 요즈음 SNS를 보면 나 너무 잘났으니 좀 봐줘 하는 소리가 여기저기에서 들린다. 이들도 자신이 바보인지 모르기는 마찬가지이다. 나 잘났다고 으스대고 안하무인인 사람도 너는 어디에서 와 어디로 가느냐고 물으면 답변할 사람이 있을까? 저 잘났다고 기고만장한 밉상이 아니꼽다면 욕하지 말고 이렇게 물어보면 어떨까. 그대 부모님 태어나기 전에 그대는 무엇이었나?

위에서 든 세 이야기는 여러 가지 메시지를 담고 있다. 먼저 진리를 모르는 인간의 어리석음이다. 《법구경》에 이런 말이 있다. "어리석은 사람이 자신이 어리석은 줄 알면 그는 지혜로운 사람이다. 어리석으면서 지혜롭다고 생각하면 그는 참으로 어리석은 사람이다." 바보 이야기는 또 인간의 오만을 경계하고 있다. 자신은 어리석은데 도리어 지혜로운 사람이라고 잘난 체하면 오만한 바보가 된다. 더불어 이 세 이야기는 인생에서 가장 중요한 것이 무엇인가를 가르쳐 준다.

공자는 아침에 도를 들으면 저녁에 죽어도 좋다고 했다. 《법구경》에는 이런 구절이 있다. 죽음을 초월하는 길을 모르고 백 년을 사는 것보다 단 하루라도 죽음을 초월하는 진리의 길을 알고 사는 것이 훨씬 낫다. 도나 진리의 길은 곧 깨달음의 길이다. 앞에서 말한 바보 이야기들은 직접적으로 표현하지는 않고 있으나 궁극의 물음에 대한 답을 찾을 것을 넌지시 권유한다. 그러나 전문 수행자가 아닌 일반인들이 구도를 위한 수행을 하는 것은 쉽지 않은 일이다. 더구나 전문 수행자들도 최상의 지혜를 얻어 궁극의 질문에 대한 답을 얻는 것은 매우 어려운 일이다. 〈42장경〉에는 도를 닦는 것은 마치 한 사람이 만 명과 싸우는 것과 같다고 설하고 있다. 하물며 먹고 사는 일만 해도 벅찬 범부가 어찌 도를 구할 생각을 낼 수 있으랴.

그러면 무엇이 차선의 선택일까? 여기에 대한 답이 될 만한 이야기가 있다. 어떤 남자에게 네 명의 아내가 있었다. 첫째 아내는 애지중지하여 늘 옆에 두고 살았다. 둘째 아내는 악착같이 힘들여 얻은 터라 첫째 아내 못지않게 항상 사랑하고 비할 데 없이 소중하게 대했다. 셋째 아내도 늘 가까이 지내며 사랑하고 행복하게 지냈다. 그러나 넷째 아내는 그다지 사랑하거나 관심을 두지 않았다. 오히려 냉대하기 일쑤였다. 그러다가 세월이 흘러 남자가 저승길을 가게 되었다. 첫째 아내에게 같이 가자고 하니 냉정히 거절하였다. 둘째 아내도 같이 갈 수 없다고 매정하게 말했다. 셋째 아내에게 물으니 성문 밖까지는 배웅해 줄 수는 있으나 더 이상은 안 된다고 했다. 마지막으로 평소 냉대하던 넷째 아내에게 동행을 요청하니 기대와는 달리 기꺼이 따라가겠다고 했다. 그래서 이 남자는 넷째 아내만 데리고 황천길을 떠났다.

이것은 〈잡아함경〉이라는 불교 경전에 나오는 이야기이다. 여기에 나오는 네 명의 아내는 각각 다른 것을 비유한다. 첫째 아내는 우리의 몸을 비유한다. 몸을 나라고 생각하여 애지중지하고 좋은 것 다 먹이며 잘 입히고 한평생 보살펴 줬지만 죽고 나면 영혼과 함께 갈 수 없다. 둘째 아내는 재물을 상징한다. 생시에 그렇게 아끼고 소중히 여겼건만 죽으면 한 푼도 가져갈 수 없다. 셋째 아내는 가족, 가까운 친척, 친구들이다. 이들은 무덤까지는 따라가지만 더 이상 동행할 수 없다. 넷째 아내는 업식(業識), 즉 마음과 업(karma)이다.

인간은 빈손으로 왔다가 빈손으로 간다. 그러나 실상을 보면 빈손이 아니다. 올 때도 갈 때도 따라다니는 마음과 자신이 지은 업이 있기 때문이다. 이 세상에 태어날 때도 전생의 업식을 갖고 왔으며 다음 생으로 갈 때도 오로지 현생에서 자신이 지은 업식만 갖고 간다. 좋은 일을 한 사람은 선업을, 나쁜 일을 한 사람은 악업을 갖고 간다. 그래서 금생의 나는 전생에 일으킨 내 생각의 그림자라고 한다. 선업을 지은 사람은 좋은 과보를 받고 악업을 지은 사람은 나쁜 과보를 받는다. 선인선과 악인악과이다. 전부 그런 것은 아니지만 전생의 업이 금생의 삶을, 금생의 업이 내생의 삶의 상당 부분을 결정한다. 이것이 삼사라(samsara, 윤회)의 인과법칙이다. 선업을 지은 넷째 아내를 가장 사랑하고 아껴야 할 이유가 여기에 있다. 지혜로운 이는 넷째 아내를 제일 소중히 여긴다.

공자나 《법구경》은 나는 누구이며 어디서 와 어디로 가는지 아는 것을 최고로 가치 있는 삶이라고 했다. 이런 삶을 괴로움을 떠나 영원한 행복을 누리는 이고득락(離苦得樂) 길이라고 보았다. 출가 수행자들이 선택한 삶의 목표는 이것이다. 이 길은 최고의 지혜를 얻어야 찾을 수 있다. 이 길은 보통 사람들의 영역을 넘어선 것이다. 그래서 보통 사람들이 할 수 있는 선택은 위에서 말한 네 명의 아내들이다.

9988이라는 말이 있다. 99세까지 팔팔하게 살다가 가는 것이 좋은 삶이라는 뜻이다. 백 세 시대가 도래한다고 할 때 한때 항간에 돌아다니던 이야기이다. 무병장수하며 복락을 누리며 살고 싶은 인간의 욕망을 담은 유행어였다. 네 명의 아내와 함께 9988의 행복한 삶을 사는 것을 싫어할 사람들이 있을까? 9988도 좋지만 범부들 중에 지혜로운 이가 하는 가장 중요한 선택은 선업 공덕을 지은 넷째 아내이다. 가장 중요한 선택이라고 하는 이유는 앞의 세 아내도 소중하지만, 이들은 넷째 아내에 비해 상대적으로 못하다는 것이다. 그러나 어떤 아내를 선택하든 그것은 윤회의 길이다. 또 인연에 따라 변화하는 유위(有爲)의 길이다. 넷째 아내를 얻어 복을 누려도 그것은 영원한 것이 아니다. 복을 다 쓰면 다시 악도에 떨어진다. 하늘을 향해 쏜 화살이 힘이 다하면 땅에 떨어지는 것과 같다. 또다시 이런저런 업을 지으며 끝없는 생사의 수레바퀴를 돌려야 한다. 종범스님은 이런 말을 했다. 재권명애(財權名愛), 즉 재물, 권력, 명예, 사랑은 배고플 때 먹는 한 끼 식사요, 깨달음은 억겁의 안락이라고.

젊어서 청정한 행을 닦지 아니하고 재물도 모아두지 못하면 물고기 없는 빈 못을 지키며 외로이 늙어 가는 따오기 신세를 면치 못하리. 이것도 《법구경》에 있는 구절이다. 이 구절은 지혜와 복을 닦는 삶을 권선하고 있다. 최고의 지혜는 후회와 두려움 없는 죽음을, 그리고 선업의 과보인 복은 행복한 삶을 보장한다. 《법구경》의 말은 두 가지 모두를 성취하지 못하면 복이라도 닦아야 한다는 가르침이다. 들고 있는지도 모르는 지팡이를 들고 왜 탔는지도 어디로 가는지도 모르는 버스에 앉아 있는 승객으로 살아온 삶. 그리고 네 명의 아내는 어떻게 대우해 왔는지 나이가 들수록 성찰해 보게 된다.

지렁이 구하기

　지렁이 하면 먼저 '지렁이도 밟으면 꿈틀한다'라는 속담이 떠오른다. 봄부터 가을까지 근린공원 산책로를 걷다 보면 땅바닥에 납작하게 말라붙은 지렁이들의 사체를 수도 없이 본다. 아파트 구내의 인도나 차도에도 사람들에게 밟혔거나 자동차 바퀴에 깔려 죽은 지렁이들이 많다. 살아서 기어 다닐 때도 징그러워 행인들이 피하는 터라 압사당해서 보도에 말라붙어 있는 지렁이에 신경 쓰는 사람들은 없는 것 같다. 더구나 하찮은 미물이라 여겨 연민을 느끼는 사람도 없다.

　아파트에서 나와 근린공원을 걷다 보면 산책로에 나와 있는 지렁이들을 자주 본다. 길가에 있는 나무에서 넓은 잎을 떼어 지렁이를 싸가지고 길에서 떨어져 있는 안전한 곳에 옮겨 놓는다. 옮기기 위해 나뭇잎으로 싸려고 하면 지렁이는 저에게 해를 끼치려는 줄 아는지 속담에 있듯이 꿈틀거린다. 그대로 두면 누군가의 발에 밟혀 죽을 것 같아 지렁이를 볼 때마다 산책로 밖 안전한 곳으로 옮겨 놓는다. 지렁이를 옮겨 놓으며 마음속으로 이런 발원을 한다. '업장 소멸하고 내생에는 인간이나 천상 세계에 태어나 행복하기를. 모든 괴로움에서 벗어나기를.' 밟혀 죽은 지렁이를 봐도 같은 발원을 하며 합장한다. 한 번 산책 나갈 때 산책로에서 옮겨 놓는 지렁이는 많으면 대여섯 마리쯤 되고 적을 때는 한두 마리이다. 계절별로 좀 차이가 있는데 여름에 많이 보인다. 비가 온 후에 특히 많이 나온다. 땅속에 빗물이 고이면 산소 농도가 떨어진다. 피부로 호흡하는 지렁이가 숨쉬기 위해서 표면으로 나온다고 한다. 밖으로 나오지 않으면 익사하기 때문이다. 짝짓기 상대를 찾거나 아니면 이동하기 위해서 나온다는 설도 있다. 그러나 지렁이가 이동하는 정확한 이유에 대해서는 알려진 것이 없다고 한다.

처음 지렁이를 옮겨 놓을 때는 서툴렀다. 빠져나가려고 꿈틀거리는 모양이 징그러워 제대로 잎으로 감싸지 못한 탓이다. 그러나 시간이 지나면서 숙달이 되어 잘할 수 있게 되었다. 주변에 나뭇잎이 없을 때는 두 손으로 감싸 옮기기도 한다. 지렁이들 크기도 각양각색이다. 큰 것은 모나미 볼펜이나 나무젓가락만 한데 참으로 징그럽다. 그래서 산책할 때는 아예 비닐봉지를 준비해서 집을 나선다. 지렁이를 보면 손으로 비닐봉지에 넣어 안전지대로 옮긴다. 사람들이 다니는 길에 나온 지렁이를 옮겨 주는 것이 지렁이에게 도움이 되는지 알 수는 없다. 길에 나온 목적을 알지 못한 채 도와주는 것이 지렁이에게는 오히려 방해가 되는지도 모른다. 다만 그

목적이 무엇이든 사람들에게 언제라도 밟혀 죽을 임박한 위험으로부터 구해 주는 것이 낫다는 생각에서 지렁이를 옮겨 놓는다. 지렁이를 옮길 때 산책 나온 사람들은 저 사람이 왜 지렁이를 만지나 하는 의아한 표정으로 쳐다본다. 비록 미물이긴 하나 밟혀 죽는 것은 얼마나 불쌍한 일인가. 지렁이가 인간에게 해를 끼치는 것도 아닌데. 오히려 지렁이는 인간과 환경에 큰 이득을 주는 동물이다.

지렁이는 썩은 나뭇잎이나 동물의 변 등 유기물을 즐겨 먹는다고 한다. 이런 것들을 먹고 배설하여 토양을 기름지게 한다. 지렁이가 배설한 흙을 분변토라고 하는데 이 분변토는 가장 깨끗하고 안전한 비료이다. 그래서 지렁이가 많이 사는 곳은 오염되지 않은 건강한 땅이다. 지렁이는 약재로도 쓰인다. 토룡탕이 그것이다. 혈액 순환, 동맥 경화, 심혈관 증상, 마비 등에 효과가 있다고 한다. 또 단백질이 많아 식용으로도 이용된다. 지렁이 피부 속 색소는 화장품 원료로도 쓰인다. 뿐만 아니라 지렁이의 피부에는 건조를 막는 기름 성분이 있어 립스틱의 원료로도 이용된다니 놀라운 일이다. 징그러워 외면하는 지렁이의 성분이 들어간 화장품을 다른 곳도 아닌 입술에 바른다니. 이것을 알면 여성들의 반응은 어떨까? 가정에서도 지렁이를 키우는 사람들이 있다. 남아서 버리게 되는 음식을 먹여 쓰레기를 줄이기 때문이다.

불교의 계율은 살생을 금하고 있다. 나른 종교들도 살인을 금하고 있다. 재가 불자들이 받는 5계에는 불살생계가 첫 번째로 나온다. 불살생이라는 것은 불살인보다 범위가 훨씬 넓다. 불살생계는 모든 존재의 생명은 귀한 것이며 존중해야 한다는 동체대비(同體大悲)의 거룩한 정신을 담고 있다. 지렁이뿐만 아니라 개미들도 산책로에서 본다. 지렁이와 더불어 이 작은 생명체들이 산책로에 나와 분주히 활동하는 날은 고개를 숙여 땅을 보며 걷는 때가 많다. 길 위에 있는 지렁이나 바삐 움직이는 개미들을 밟을까 해서이다. 어떤 날은 조그만 개미가 제 몸의 열 배는 되어 보이는 먹이를 끌고 가는 것을 본다. 저런 장사 같은 힘이 어디서 나올까 신기해하면서도 누구에게 밟히면 어쩌나 걱정이 된다. 그래서 길을 건너 사라질 때까지 지켜본다. 또 어떤 때는 개미 떼들이 인도 한가운데서 죽은 지렁이를 먹느라 여념이 없다. 언제 밟혀 죽을지도 모르면서 한 끼 식사를 하느라 분주하다. 지렁이 사체를 개미가 따라오도록 인도 가장자리로 천천히 옮겨 놓고 한참을 바라보다가 들어온다.

지렁이를 옮겨 놓으면 과거에 알게 모르게 혹은 재미로 저지른 살생의 기억이 떠오른다. 낚시 미끼로 쓴 지렁이들이 먼저 생각난다. 낚시를 하면 한꺼번에 두 번의 살생을 저지르게 된다. 미끼로 지렁이를 쓰고 낚싯바늘에 걸려 올라오는 물고기를 잡게 되니 말이다. 낚시를 그만둔 지 오래되었지만, 예전엔 직장 동료들과 남해안으로 가끔씩 낚시하러 다니곤 했었다. 동료 중 한 사람이 유독 고기를 잘 낚아 수덕(手德)이 있다는 말을 들었다. 지금 생각해 보니 내가 수덕이 없었던 게 참 다행이란 생각이 든다. 되돌아보면 재미로 물고기나 곤충을 죽인 것들이 얼마인지 알 수 없다. 술에 취하여 개미집에 방뇨하여 홍수로 대재앙을 초래한 일도 있었다. 메뚜기나 개구리를 잡아 구워 먹던 시절도 있다. 시골에서 어린 시절을 보낸 사람들은 이것을 기억하고 있을 것이다. 60년대, 70년대에는 먹을 것이 부족하여 그런 것들도 간식이 되던 시절이긴 했다. 그러나 우리 집의 형편은 배가 고파 개구리나 메뚜기를 잡아먹어야 할 정도는 전혀 아니었다.

살생은 무거운 악업으로 그 과보가 크다. 과보를 경감하거나 없애려면 참회하고 선업을 많이 쌓아야 한다. 불교 경전인《앙굿따라니까야》에 〈소금덩이경〉이라는 경이 있다. 이 경에 따르면 악업이 두텁더라도 그것을 능가하는 선업을 쌓으면 업장을 소멸할 수 있다. 맥주잔에다 소금덩이를 넣으면 물이 짜서 마실 수 없다. 그러나 한강에 소금덩이를 던져 넣으면 강물이 짜게 되지는 않는다. 한강의 물이 매우 많기 때문이다. 이것이 업장 소멸의 이치이다.

불교 설화에 다음과 같은 이야기가 있다. 옛날에 한 사미가 고승의 시자가 되었다. 이 스님이 사미의 관상을 보니 단명하여 일주일 후에 죽는다는 것을 알았다. 고승은 사미에게 어머니를 뵌 지 오래되었으니 집에 가서 어머니께 효도하며 쉬다가 여드레 후에 돌아오라고 했다. 고승은 사미가 죽기 전에 어머니와 같이 있는 것이 좋을 듯하여 집으로 보낸 것이었다.

그런데 어찌 된 영문인지 여드레 후에 사미가 멀쩡하게 살아 돌아온 것이 아닌가. 뿐만 아니라 얼굴에 흉액(凶厄)이 없어지고 광채가 나는 것이었다. 그래서 사미에게 집에 가는 도중에 무슨 일이 없었느냐고 물었다. 폭우가 내린 후 시냇물이 불어 나무껍질에 붙어 떠내려가는 개미 떼를 보고 건져내 구해 주었다고 사미가 말했다. 사미는 무수한 생명을 구한 선업으로 생명이 연장되어 80세가 넘도록 장수하며 복락을 누렸다고 한다.

이 이야기는 생명을 구하는 공덕이 얼마나 큰지 보여준다. 그리고 업의 과보가 이렇게도 빨리 나타날 수 있다는 것도 알려준다. 또 신의 은총이 아니라 자신의 행위로 운명을 바꿀 수 있다는 것을 가르쳐 준다. 불교가 살생을 금하고 방생을 강조하는 이유가 여기에 있다. 여름철 석 달 동안 스님들이 선방에서 좌선 수행을 하는데 이를 하안거라고 부른다. 하안거는 부처 당시 인도에서 유래된 것이라고 한다. 우기가 되면 벌레들이 땅속에서 기어 나와 활동한다. 이 시기에 걸어 다니면 벌레들을 밟아 죽일 염려가 있어 스님들은 우기 석 달 동안은 돌아다니지 않고 한곳에 모여 수행했다고 한다.

달라이 라마 존자는 모든 존재는 고통을 피하고 행복해지기를 원한다고 말했다. 일견 당연한 소리처럼 들리는 이 말은 엄청난 무게를 가지고 있다. 우리가 누리는 즐거움과 행복의 이면에는 생명을 가진 수많은 존재의 고통과 죽음이 있다. 우리가 먹고 마시고 입는 것 중 많은 것들이 생명체들을 죽여 나온 것이다. 갈비를 즐길 때 소와 돼지들의 아우성과 눈물이 있고 삼계탕을 먹을 때는 닭들의 비명과 고통이 있다. 채식주의자들이 채식하는 이유는 다양하지만 우선 식용으로 동물을 죽이는 것은 비윤리적이라는 생각이 있다. 모든 존재가 고통을 피하고 행복해지기를 원한다는 달라이 라마 존자의 말에 동의한다면 우리의 행동은 크게 제약된다. 말 한마디,

행동, 생각 하나하나가 내 주변에 있는 무수한 생명체에게 고통을 주지 않는지 생각하게 만들기 때문이다. 또 세상의 모든 존재는 연기적으로 연결된 하나이기에 내가 타인이나 다른 존재에게 한 일은 나에게 돌아온다는 것을 알기 때문이다.

  나도 고기와 생선을 먹는 수많은 사람 중의 하나이다. 그러면서 지렁이를 살려 주며 불살생과 선업의 과보를 운위하는 것은 위선이며 이율배반이라는 공박을 듣는다면 할 말이 없다. 5계를 받고 나서 경험하는 이율배반은 집안에서도 가끔 발생한다. 집에 들어온 벌레는 웬만하면 휴지에 싸서 밖으로 버린다. 옛날 같으면 아무 생각 없이 휴지로 꾹 눌러 잡아 쓰레기통에 버렸을 것이다. 그런데 문제는 모기이다. 모기를 발견하면 아내는 '진돗개 하나' 전투 개시 상태로 돌입한다. 모기에게 물리거나 앵 소리를 내며 얼굴 주위를 날아다니면 밤잠을 설치기 때문이다. 모기약을 뿌리거나 아니면 손으로 잡아 죽이게 되는데 불살생 계율을 위반하게 된다. 살생을 했다는 생각에 마음이 불편하다. 그러나 죽이지 않으면 내가 물리기에 이것은 정당방위가 아닌가 생각한다. 더구나 지범개차(持犯開遮)까지 동원하여 불편한 마음을 지워보려 한다. 지범개차란 계율은 상황에 따라 지킬 때가 있고 범해야 할 때도 있고 열고 닫을 때가 있다는 말이다. 모기를 잡는 것은 불살생계를 범하지 않을 수 없게 만드는 상황 때문이라고 마음속의 죄의식과 갈등을 정리해 버린다.

  한번은 거실에서 손으로 날아가는 모기를 산 채로 잡아 밖으로 날려 보낸 적이 있었다. 거의 신기에 가까운 내공이라고 아내로부터 모처럼 칭찬을 들었다. 젊을 때는 날아가는 파리를 손으로 낚아채서 바닥에 패대기쳐 잡았는데 아직 그때의 내공이 남아 있었던 모양이다. 요즈음에는 안 죽이고 밖으로 쫓아내려고 하는데 그게 잘되지 않는다. 그새 아내가 모기약을 뿌리거나 손으로 잡는데 손바닥에 피가 묻는다. 어제 자기한테 빨아먹은 것이라고 손을 내보인다. 어쭙잖게 살려 쫓아내려다가 아내에게 살생 업을 떠넘긴 것 같아 이기적이란 생각이 든다.

영국 출신의 아잔브람 스님이 태국에서 수행할 때 모기에게 뜯길 때 어떻게 했는지 회고한 적이 있다. 수행자가 불살생계를 어길 수 없으니 모기를 잡을 수는 없다. 모기장도 모기향도 없다. 모기들에게 산 채로 뜯어먹히는 수밖에 없다. 한꺼번에 60~70마리씩 달라붙어 몸이 부을 정도로 뜯어먹는다. 그렇게 두 시간 정도 수행하면 모기가 존재하지 않음을 느낀다고 한다. 명상이 깊어지면 호흡이 느려진다. 그러면 땀구멍에서 이산화탄소가 거의 배출되지 않는다고 한다. 모기를 유인하는 것이 이산화탄소인데 이산화탄소가 없으니 모기가 물지 않는 것이다. 수행자들의 모기 퇴치법은 참으로 특이하다. 범인은 흉내 낼 수 없을 정도로.

집에 들어온 모기를 가차 없이 잡는 아내가 오늘은 이런 말을 했다. 출근하는 길에 지렁이가 길에 나와 있는 것을 보고 나뭇잎으로 싸서 안전한 곳으로 옮겨 놓았다고. 내가 지렁이 구하는 것이 생각나서 그렇게 했다고 한다. 또 그냥 두면 누군가에게 밟혀 죽을 것 같아서 그랬다고 덧붙였다. 모기에겐 가차 없었는데. 자기가 이제 자비 보살이 되었구려 라고 치하하였다.

  지렁이는 어찌하여 최소한의 방어능력도 없이 축생도에 태어난 걸까? 무슨 업을 지어 징그러운 몸으로 땅속에서 살아가야 하는 것일까? 그러다가 땅에 기어 나와 밟혀 죽는 가련한 운명을 타고난 것일까? 산책로에서 어쩌다 발견되어 위험을 면하게 되는 지렁이도 있다. 그러나 이들은 수많은 다른 지렁이에 비하면 창해일속에 불과하다. 그렇다고 해서 지렁이를 구해 주는 것이 쓸데없는 일이 아님은 분명하다. 적지만 선업을 쌓는 일이기 때문이다. 오늘도 산책을 나간다. 핸드폰, 물통, 비닐봉지를 어깨걸이 주머니에 넣고, 어깨걸이에 작은 수건을 묶어 매고 모자를 챙기면 산책 준비가 끝난다. 집을 나서며 생각한다. 오늘은 지렁이를 몇 마리나 만나게 될까. 몇 방울의 물을 소금덩이가 든 짠 항아리에 넣게 될까.

다시 듣는 〈성불사의 밤〉

〈성불사의 밤〉은 아마 1980년경 이전에 태어난 한국인들에게는 친숙한 가곡일 것이다. 노산 이은상 시조에 홍난파가 곡을 붙인 작품으로 많은 이들의 사랑을 받던 노래이다. 요즘에는 거의 들리지 않고 산사 음악회 선곡 정도로 간간이 불리는 것 같다. 20대 후반인 필자의 자식들도 이 노래를 모르는 것을 보면 시대가 많이 변했음을 알겠다. 이 시조는 일제 강점기였던 1931년 노산이 29세 때 현재 북한의 황해북도 사리원시 정방산에 있는 성불사를 찾아 유숙한 후 지었다고 알려져 있다. 1932년 홍난파가 이 시조에 곡을 붙여 다음 해에 세상에 내놓았다니 참으로 오래된 가곡이다.

필자는 작년에 우연히 방송에서 이 노래를 참으로 오랜만에 다시 듣게 되었다. 아득한 기억의 저편에 먼지 쌓인 채 있던 멜로디와 노랫말이 새롭게 살아났다. 예전에는 노랫말 속에 든 알 수 없는 묘한 매력에 그저 끌렸었는데 긴 세월이 지난 후 다시 들으며 노산의 시 세계를 새로운 눈으로 살펴보게 되었다. 또 유튜브에서 여러 성악가가 부른 이 노래를 들어보고 이 가곡이 오랜 세월 많은 사람의 심금을 울린 이유에 대해 사유해 보게 되었다. 그 이유는 물론 홍난파의 곡과 노산의 시조가 만나 만든 시너지 효과이겠지만 필자는 노산의 시조 역할이 크지 않나 생각한다. 이렇게 생각하는 것은 아마 필자가 음악에 조예가 전혀 없는 탓도 있는 듯하다.

   성불사 깊은 밤에 그윽한 풍경소리
   주승은 잠이 들고 객이 홀로 듣는구나.
   저 손아 마저 잠들어 혼자 울게 하여라.

   댕그렁 울릴 제면 또 울릴까 맘 졸이고
   끊일젠 또 들리라 소리 나기 기다려져
   새도록 풍경소리 데리고 잠 못 이뤄 하노라.

이 시조를 단순히 나그네의 여수를 읊은 것으로 읽으면 노산의 시 세계의 진가를 놓치게 된다. 노산은 이 시조에서 인간이 존재의 근원적 괴로움을 여의고 영원한 행복의 세계로 나아갈 것을 암시하며 아울러 그것이 얼마나 어려운지 노래하고 있다. 성불사란 제목 자체가 그런 이고득락(離苦得樂)의 발원을 담고 있다.

보리와 번뇌의 이중주

이 시는 두 개의 시조가 이어진 연시조 형식을 취하고 있다. 전편은 적멸과 깨달음의 오계(悟界)를 후편은 번뇌에 물든 미혹한 세계, 즉 미계(迷界)를 노래하고 있다. 다시 말하면 보리(菩提)와 번뇌, 승과 속을 읊고 있다. 등장인물은 요즈음은 주지로 부르는 주승과 객(손) 두 명인데 여기에 보이지 않는 시적 화자가 있다. 작가 노산은 객으로 나타난 시적 자아이면서 전지적 작가 시점의 화자이기도 하다. 이 화자가 승과 객을 내려다보는 삼각 구조 속에 시가 전개되는데 이는 작가 노산이 성불사에서 유숙한 실제 경험에 기인한 듯하다. 시 속에서 등장인물이 대비되고 있는데 이것은 그들이 속한 정신세계의 대비로 연결된다. 전편에서는 공(空) 가운데 색(色)이 나투는 공과 색이 원융무애한 세계가 부각되고 후편에서는 번뇌미혹의 중생세간이 파도처럼 일렁거린다.

노산이 시의 배경으로 밤을 택한 이유는 무엇일까? 밤은 만물이 잠드는 시간으로 인간의 헐떡이는 식심(識心)과 번뇌가 잠시 수면 아래로 가라앉아 쉬는 시간이다. 동시에 밤은 지혜광명이 없는 무명(無明)과 어리석음의 시간이다. 시적 화자가 "저 손아 마저 잠들어 혼자 울게 하여라"라고 주문하지만 객은 번뇌 속에 잠 못 이루고 뒤척인다. 아울러 주승이 잠든 이 밤은 탐욕, 분노, 어리석음이라는 사바세계의 삼독심(三毒心)과 번뇌의 불길이 꺼진 피안의 세계이기도 하다. "주승은 잠이 들고 객이 홀로 듣는구나"는 니르바나(nirvana)를 추구하는 출가 수행자와 치성한 삼독심에 허우적거리는 중생의 살림살이를 병치한 구절이다.

풍경 소리도 손바닥의 양면과 같이 듣는 사람에 따라 다른 중의(重意)의 매개체로 작용한다. 풍경 소리는 출가 사문에게는 미망을 깨우는 각성의 소리이자 깊은 밤 산사의 적요(寂寥)한 본래 자리에 만법이 나투는 도리를 보인다. 그러나 생멸과 진여, 번뇌와 보리가 둘이 아닌 이치를 알 길 없는 중생에게는 끊임없이 일어나는 번뇌 망상과 사량 분별을 부추기는 매개체이기도 하다. 그래서 나그네는 전전반측 불면의 밤을 뒤척이며 "새도록 풍경소리 데리고 잠 못 이뤄 하노라"고 탄식한다. 그렇지만 이런저런 경계에 아랑곳하지 않는 주승은 무심 경지에서 잠들어 있다. 한 소식 한 수행자에겐 풍경 소리도 무정설법(無情說法)이겠지만 번뇌가 들끓는 나그네에겐 저잣거리를 흔드는 각설이의 꽹과리 소리처럼 안면을 방해하는 소음이다. 이런 의미에서 "주승은 잠이 들고 객이 홀로 듣는구나"는 차안과 피안의 교차로라 할 수 있겠다.

피안을 향한 초월의 시선

"저 손아 마저 잠들어 혼자 울게 하여라"는 노산의 시적 묘용(妙用)과 효과가 돋보이는 이 시조의 백미(白眉)이다. 바둑에 비유하자면 승부를 가르는 회심의 한 수라 할 수 있는데 이 시조 전체의 성패(成敗)가 여기에 달려 있다고 해도 과언이 아니다. 이 구절은 마치 산사의 저녁 예불 때 치는 범종 소리처럼 독자의 마음에 긴 여운을 남기며 피안을 향한 초월의 시선을 보여준다. 불가에서 말하는 달을 가리키는 손가락같이 번뇌의 차안에서 보리의 피안으로 나아갈 것을 권유한다. 이 구절은 또 삼독심에 물든 중생의 마음을 잠시 가라앉혀 적멸의 세계로 들라고 초대한다. 번뇌에서 보리, 예토에서 정토, 차안에서 피안, 중생에서 부처로 나아가는 초대장이다. 번뇌를 쉬고 반야의 배에 오르면 도달할 수 있는 피안의 세계가 저기 있다고 노산은 조용히 말하고 싶었는지 모르겠다.

우리의 마음은 바람과 파도가 쉼 없이 치는 바다와 같다. 인간의 가장 심층에 자리한 무의식인 제8 아뢰야식(阿賴耶識)은 일찰나에 9백 생멸을 거듭한다고 한다. 일찰나는 75분의 1초라고 한다. 마음은 나뭇가지 사이를 끊임없이 오가는 원숭이요 생각은 쉼 없이 달리는 말에 비유된다. 심원의마(心猿意馬)라는 말이 그것이다. "저 손아 마저 잠들어 혼자 울게 하여라"는 날뛰는 말을 말목에 묶고 술 취한 원숭이를 우리에 가두라는 노산의 당부처럼 보인다. 쉬운 언어로 구성된 간결한 일구가 당기는 힘은 고요하면서도 강력하다. 이 구절은 중생계의 나그네를 불계(佛界)로 이끄는 알 수 없는 매력을 갖고 있어서 비록 중생의 근기로는 그 불가사의한 낙처(落處)를 알 길이 없으나 풍부한 시적 소구력을 획득하고 있다. 정각 세계는 말의 길이 끊어지고 생각의 작용이 소멸된 곳 즉, 언어도단(言語道斷) 심행멸처(心行滅處)라고 한다. 또 진여 불성은 한 티끌도 붙을 수 없는 자리라 한다. 그 자리는 언어와 생각으로 알고자 하면 빗나가기에 그저 가리킬 수밖에 없다고 알려져 있다. 그래서 "저 손아 마저 잠들어 혼자 울게 하여라"는 일구는 시적인 기교 이상의 의미를 지닌다.

고해의 밤에 던지는 등대 불빛

〈성불사의 밤〉은 노산의 불교적 안목을 보여주는 노래인데 산사를 읊은 그의 다른 시조 〈장안사〉에서 보이는 범상한 무상감보다 한 걸음 더 나아간 경지를 보여준다. 노산은 〈성불사의 밤〉에서 번뇌에 괴로워하는 사바세계 중생에게 괴로움이 끊어진 영원한 안락의 세계와 그곳으로 나아가는 길을 넌지시 암시한다. 풍파 거센 밤바다에서 방향을 잃고 헤매다 육지에서 날아온 한 줄기 등대 불빛을 발견한다면 어떨까. 〈성불사의 밤〉은 괴로움의 바다에서 안락의 섬을 찾는 이들에게 하나의 등대가 될 수 있다. 생사 일대사와 존재의 궁극적 물음에 대한 종교적 해답을 모색하건 사회적 자아로서 겪는 고통으로부터 벗어남을 구하건 그건 부차적인 문제이다. 일제 강점의 역사적 암흑기와 전쟁과 고난, 궁핍과 시련의 시대를 헤쳐 온 겨레에게는 잠시의 안면과 휴식, 마음의 평화라도 얼마나 소중했을까. 〈성불사의 밤〉이 오랜 세월 애창 가곡으로 남은 것은 이런 역사적 배경과도 영 무관하지는 않아 보인다.

〈성불사의 밤〉만큼 한 곡의 노래를 다층적으로 향유하게 하는 작품도 드물 것 같다. 짧은 노래 한 곡조가 독자로 하여금 문학적 사유, 예술적 감성, 종교적 명상에 동시에 젖어 들게 만든다. 문학, 예술, 종교가 어우러진 이 세계는 인간 존재의 근원적 귀의처를 이따금 울리는 풍경소리로 일깨워준다. 고해의 중생세간에서 가끔 정신적 위안과 고요가 필요할 때 또 번뇌 속에서 감로수 같은 정화(淨化)를 찾을 때 어쩌면 〈성불사의 밤〉에서 제법실상(諸法實相), 그 본원적 진실의 문과 대면할 수 있겠다. 비록 그것이 무엇인지 알 수는 없어도.

한 알의 모래 속에서 세계를 보고

순수의 전조. 언뜻 들어서 감이 오지 않는 이 글귀는 18~19세기에 걸쳐 살았던 영국의 시인 윌리엄 블레이크(William Blake)가 쓴 시의 제목이다. 1803년에 쓴 것으로 추정되는 이 시의 원제목은 〈Auguries of Innocence〉이다. 필자가 이 시를 처음 접한 것은 영문과 2학년쯤으로 기억된다. 이 시는 132행으로 구성된 장시인데 첫 네 행이 많이 인용되어 유명해졌다.

한 알의 모래 속에서 세계를 보고
한 송이 야생화에서 천국을 보노라.
그대의 손바닥에서 무한을 쥐고
한 시간 속에서 영원을 잡노라.

(To see a World in a Grain of Sand
And a Heaven in a Wild Flower
Hold Infinity in the palm of your hand
And Eternity in an hour.)

이 구절이 무엇을 의미하는지 알아보기 전에 먼저 정리할 것이 있다. 그것은 첫 네 행을 문법적으로 어떻게 읽어야 하는가이다. 캐나다의 요크대(York University) 교수를 역임했던 재닛 워너(Janet Warner)에 의하면 두 가지로 읽을 수 있다고 한다. 먼저 이 네 행을 나란히 배치된 두 개의 부정사(Infinitive)가 이끄는 독립 구문으로 읽는 방법이다. 이것은 Hold 앞에 To가 생략된 것을 전제로 한 것이다. 위에서 필자가 번역한 것이 이 방법에 따른 것이다. 워너에 의하면 대부분 이 방법으로 읽힌다고 한다. 또 하나는 앞의 두 행을 부정사가 이끄는 종속 구절로 간주하여 Hold 이하를 명령문으로 읽는 것이다. 이 방법으로 읽으면 다음과 같다.

한 알의 모래 속에서 세계를 보고
한 송이 야생화에서 천국을 보기 위해서는
그대의 손바닥에서 무한을 쥐고
한 시간 속에서 영원을 잡아라.

스물한 살의 영문과 2학년 학생에게 이 시구는 도무지 알 수 없는 수수께끼였다. 당시에 영시를 강의하시던 교수님도 역시 132행 중 이 네 행만 읽어 주셨다. 자구 해석에 몇 마디 해설을 덧붙여 주셨던 것 같은데 거기에 담긴 심층의 의미가 무엇인지 명쾌하게 이해할 수 없었다. 당시에 교재로 사용하던 영시 선집을 40여 년 만에 펼쳐 이 시를 찾아보니 오래된 종이 냄새가 코를 찔렀다. 그 시 옆에는 내가 한글과 영문으로 써놓은 몇 마디 메모가 있는데 그 시의 함의는 오리무중이다. "한 알의 모래 속에서 세계를 보고…, 한 시간 속에서 영원을 잡노라." 아무리 생각해 봐도 종잡을 수 없는 선문답 같았다. 다만 이 짧은 구절이 격외의 비의(秘義)를 담은 소식임을 짐작할 뿐이었다. 당시까지 듣고 배웠던 모든 것들을 다 합쳐도 이 네 구절에 비하면 아무것도 아닐 것 같은 생각이 들었다. 그만큼 이 시구는 내 마음속에 강한 인상을 남겨 떨쳐버릴 수 없는 화두로 자리 잡았다. 정체를 알 수 없는 무엇이 내 가슴 속에 씨앗으로 떨어져 싹이 나기를 기다렸던 것 같다.

 영문과를 졸업하고 근 25년이 지난 어느 날이었다. 의상대사의 〈법성게(法性偈)〉에서 블레이크의 〈순수의 전조〉의 첫 네 행과 일치하는 구절을 발견하고 경탄을 금치 못하였다. 〈법성게〉는 신라의 의상 스님이 당나라에서 유학 중 화엄경의 핵심 교의를 담아 668년에 지은 게송이다. 블레이크의 〈순수의 전조〉보다 1100년 이상이나 빠른 시기이다. 블레이크가 불교를 접하지 못했다는 것이 학계의 추정이다. 시대와 공간이 엄청나게 격절되어 있음에도 두 사람의 시와 게송이 정확히 일치하다니 놀라울 따름이다.

하나 중에 일체가 있고, 일체 중에 하나가 있다.

一中一切多中一(일중일체다중일)

하나가 곧 일체요, 일체가 곧 하나이다.

一卽一切多卽一(일즉일체다즉일)

하나의 티끌 속에 온 우주가 들어 있고

一微塵中含十方(일미진중함시방)

모든 티끌 하나하나도 역시 그러하다.

一切塵中亦如是(일체진중역여시)

무량한 겁이 곧 한순간이요,

無量遠劫卽一念(무량원겁즉일념)

한순간이 곧 무량한 겁이로다.

一念卽是無量劫(일념즉시무량겁)

위는 〈법성게〉의 일부이다. 한 알의 모래 속에서 세계를 본다 함은 一中一切多中一(일중일체다중일) 一卽一切多卽一(일즉일체다즉일) 一微塵中含十方(일미진중함시방) 一切塵中亦如是(일체진중역여시)와 같은 말이다. 一微塵中含十方(일미진중함시방) 一切塵中亦如是(일체진중역여시)는 一中一切多中一 一卽一切多卽一의 의미를 한 번 더 표현하여 강화한 것이다. 그대의 손바닥에서 무한을 쥔다는 것은 一中一切多中一(일중일체다중일)과 통하고 한 시간 속에서 영원을 잡는다 함은 無量遠劫卽一念(무량원겁즉일념) 一念卽是無量劫(일념즉시무량겁)에 대응된다.

〈순수의 전조〉는 패러독스와 경구를 사용하여 순수와 경험을 대비시킴으로써 부패한 영국 사회와 교회 그리고 인간에 대한 분노를 표현한 시로 알려져 있다. 어떤 논자는 이 시는 어른이 되면서 잃게 되는 순수성과 신성(divinity)과의 영적인 일치를 담고 있다고 한다. 〈순수의 전조〉는 난해한 내용으로 읽는 사람의 근기에 따라 다른 해석을 허용하는 시이다.

이 시의 첫 네 행에 접근하자면 화엄의 법계 연기(法界緣起)와 상입(相入)과 상즉(相卽)의 원리에 대한 이해가 필요하다. 법계 연기란 화엄종의 우주론이다. 모든 현상이 함께 의존하며 발생하여 서로가 서로를 의지하고 비추면서 끊임없이 교류하고 융합하는 것을 가리킨다. 상입이란 서로 걸림 없이 융합함이요, 상즉은 두 가지의 개념이나 현상이 서로 융합하여 무차별 일체가 되는 것을 이른다. 상입과 상즉은 화엄 철학의 두 기둥을 이루는 원리이다. 블레이크가 의도했건 의도하지 않았건 화엄 철학이 〈순수의 전조〉에 투영되어 있다.

한 알의 모래 속에서 세계를 보고

한 알의 모래가 만들어지기까지 그 시원을 추적해 가면 우주의 시작 없는 시작부터 지금까지의 모든 정보가 거기에 들어 있다. 빅뱅 이론에 의하면 우주는 138억 년 전 모든 물질과 에너지가 한 점에서 폭발해 확장하였다. 핵융합을 통해 초기 원소인 수소와 헬

륨이 생성되었다고 한다. 이 기본 원소들이 모여 별들을 형성하고 그 별들이 모여 무거운 원소들이 형성되었다고 한다. 이 과정을 통해 수많은 별과 은하들이 생성되었다. 새로운 별들이 탄생하고 죽으며 또 새로운 별들이 탄생한다. 지금도 이 과정이 진행되고 있다. 한 알의 모래 속에 우주의 진화 역사와 정보가 다 함장되어 있다. 그러므로 한 알의 모래 속에서 세계를 본다는 것은 과학적 진실이다.

현재의 나의 몸속 세포는 모든 선조의 유전인자인 DNA를 갖고 있다. 이 DNA가 나를 부모, 조부모, 증조부모, 고조부모 등 선조들과 인류의 조상까지 연결하고 있다. 물질뿐만이 아니라 그들의 정신, 즉 느낌, 인식, 심리 현상, 의식까지 나에게 들어 있다. 또 가족뿐만 아니라 친구, 지인, 접촉한 모든 사람의 생각과 관념이 나를 만들었다. 나에게 다른 사람들의 유전인자와 정신이 들어 있듯이 사람들 개개인에게도 다른 사람들의 정보들이 직간접적으로 들어 있다. 더불어 내가 읽은 책, 본 영화와 그림, 들은 노래 등 수도 없는 정보들이 인간의 가장 심층에 자리 잡은 의식인 아뢰야식 속에 저장되어 있다.

사람의 물질과 정신뿐만 아니라 우주 속에 존재하는 물질의 시원과 진화를 보면 한 알의 모래 속에서 세계를 본다는 말을 이해할 수 있다. 이것이 一中一切多中一(일중일체다중일) 一卽一切多卽一(일즉일체다즉일)이다. 하나 속에 일체가 있고, 일체 속에 하나가 있다. 하나가 일체이고 일체가 하나이다. 의상대사는 이것을 십전법으로 설명했다. 일 전짜리 동전 열 개가 모여 십 전이 된다. 십 전은 일전을 떠나서 있는 것이 아니다. 그러므로 일전 속에 십 전이 있는 것이다. 이것이 일중일체이다. 또 일전이 없으면 십 전이 없다. 이것이 다중일이다.

현수법장(賢首法藏)은 중국 당나라에서 7세기와 8세기에 걸쳐 살며 화엄 교학을 집대성한 승려이다. 현수법장이 측천무후에게 一中一切多中一(일중일체다중일)의 원리를 설명하기 위해 거울 방(Hall of Mirror)의 예를 든다. 방의 바닥과 천장, 그리고 방의 네 면이 거울로 이루어진 방을 만들고 방 가운데 불상을 놓고 불상 옆에 촛불을 놓았다. 1번 거울은 2, 3, 4, 5, 6번 거울을 비추고 2번 거울은 1, 3, 4, 5, 6번 거울을 비춘다. 이렇게 3, 4, 5, 6번 거울도 각자 자기 이외의 모든 거울을 비춘다. 이것이 一中一切이다. 또 1번 거울은 2, 3, 4, 5, 6번 거울에 비쳐 들어가고 2번 거울은 1, 3, 4, 5, 6번 거울에 비쳐 들어간다. 3, 4, 5, 6번 거울도 각자 자기 이외의 모든 거울에 비쳐 들어간다. 이것이 多中一이다. 다른 모든 거울에 투영된 영상은 한 거울에 다 들어가 있다. 한 거울에 비친 영상과 모든 거울에 비친 영상은 같으니 이것이 상즉이다.

거울 방과 유사한 비유가 인드라망(Indra's net)이다. 인드라망은 욕계 제2천인 도리천의 천주인 제석천의 궁전에 드리운 거대한 그물이다. 이 그물의 그물코마다 투명한 구슬이 달려 있는데 한 개의 구슬이 다른 모든 구슬을 비춘다. 그리고 이 한 구슬은 다른 모든 구슬 속에 들어가 비친다. 다음 구슬도 마찬가지로 다른 모든 구슬을 비추고 다른 모든 구슬 속으로 들어가 비친다. 이렇게 구슬마다 비추고 비치는 관계가 무한히 지속되어 상입 상즉의 관계가 중중무진(重重無盡)하게 펼쳐진다.

상입(mutual penetration)은 위의 예에서 보듯 존재의 개별 구성 요소는 그 속에 다른 모든 구성 요소를 포함하고 있음을 의미한다. 한 요소는 다른 요소가 있기에 존재한다. 그러므로 상입은 상호의 존성의 원리로서 모든 현상은 서로 불가분의 관계 속에 놓여 있다. 모든 개별자와 현상은 동떨어져 분리된 것이 아니라 온 우주의 구성 요소를 포함하고 있다. 제법, 즉 모든 현상은 상호 연결되어 있기 때문에 자타와 주객의 구분은 심층에서는 환상일 뿐이다.

상즉(mutual identity)은 一卽一切多卽一(일즉일체다즉일)에 나타나 있는데 일체가 하나라는 동일성의 원리이다. 상즉의 원리에 의하면 모든 현상은 하나이며 절대 평등하다. 상즉의 원리를 설명하는 유명한 말이 있다. 회주에 있는 소가 여물을 먹었는데 익주에 있는 말의 배가 터졌다는 것이다. 중국 화엄종의 초조(初祖)인 두순(杜順) 선사의 말이다. 이 당치않은 것 같은 말이 성립하는 것은 상즉의 원리 때문이다. 개별자는 서로 떨어져 있는 독립된 존재가 아니고 거대한 전체를 하나로 연결하는 부분들이다. 유식학에서도 모든 존재와 현상은 표층의 의식 세계에서는 차별되지만 일심(一心)이라고 불리는 심층 세계에서는 하나라는 것을 설명한다. 온 우주의 모든 존재는 하나라는 것이 상즉의 원리이다. 이것을 이해하면 모든 존재가 나라는 것을 알게 되고 일체 존재에 대한 사랑과 연민을 일으키지 않을 수 없다.

한 송이 야생화에서 천국을 본다

야생화와 천국은 무슨 관계이기에 블레이크는 이런 말을 했을까? 천국은 신의 영역이므로 야생화에서 천국을 본다는 것은 신성(divinity)을 보는 것을 말한다. 이 구절은 평범하며 작고 하찮게 보이는 것들 속에 심오한 의미와 중요성이 존재한다는 것을 보여준다. 들판에 핀 이름 없는 야생화의 소박한 아름다움을 통해 범상함을 뛰어넘은 초월의 절대 세계를 발견한다. 그럴 때 일상에서 마주치는 특별할 것 없는 대상에서 깊은 의미를 인식할 수 있다. 이런 인식은 살아서 천국을 걷는 경이와 경건함까지 맞닿아 있는 것이 아닐까 생각된다.

천국에 들어가는 사람은 어떤 조건을 갖추어야 할까? 수많은 복덕과 지혜, 수행을 닦아야 들어갈 수 있는 곳이 천국이다. 한 줄기 야생초가 꽃을 피우려면 천국에 들어가는 인간처럼 수많은 노력을 기울여야 한다. 한 송이 야생화에서 천국을 보는 것은 야생화가 갖고 있는 여러 가지 미덕 때문이다. 캐나다의 밴쿠버 소재 국제불교 관음사(International Buddhist Society)에 주석하는 관성 스님에 따르면 여러 가지 미덕이란 6바라밀의 미덕이다. 먼저 보시이다. 야생화는 아름다운 모습과 향기를 인간과 벌, 나비 등 모든 존재에게 베풀어 준다. 그것도 아무런 대가 없이 주어 무주상 보시이다.

다음으로 계율을 지키는 도덕성이다. 씨앗이 뿌리를 내리고 이어서 싹, 잎, 줄기가 성장주기에 따라 순서대로 자라 꽃을 피운다. 이처럼 야생화는 규율과 질서를 준수하며 자신을 완성한다. 또 야생화가 꽃을 피우기 위해서는 인내가 필요하다. 무더위, 강추위, 비바람 등 모든 악조건을 참고 이겨내며 꽃을 피우고 열매를 맺는다. 야생화에는 끝없는 정진의 공덕이 있다. 땅에서 수분을 섭취하고 햇볕을 받아 광합성을 부지런히 한다. 씨앗을 키워 싹을 틔우고 꽃을 피우기 위해 부단한 노력을 한다. 겨울의 혹한기에는 고요히 땅속의 뿌리를 지켜 꽃을 피울 봄을 준비한다. 마치 수행자가 도를 깨닫기 위해 긴긴 세월 선정 수행을 하는 것 같다. 봄이 오면 씨앗은 그동안 기울인 노력을 기반으로 자기완성의 꽃, 즉 지혜의 꽃을 피운다. 이것이 한 송이 야생화가 건설하는 천국이다.

그대의 손바닥에서 무한을 쥐고

이 구절은 조그만 손바닥에서 무한이라는 거대 개념을 포착하고 있다. 현미경을 보다가 망원경으로 우주의 끝없는 끝으로 시선을 돌리는 것 같다. 이 구절은 〈법성게〉의 아래 구절과 대응된다.

> 하나의 티끌 속에 온 우주가 들어 있고
> 모든 티끌 하나하나도 역시 그러하다.
> ―微塵中含十方(일미진중함시방)
> ―切塵中亦如是(일체진중역여시)

이는 작은 공간에 무한한 공간이 들어가는 이치를 말한다. 우리의 작은 눈은 온 세계와 우주를 받아들인다. 겨자씨 속에 수미산이 들어가고 핸드폰 속에 무한한 정보가 들어가는 것과 같다. 소우주 속에 대우주가 들어 있다. 인드라망 그물코에 걸린 보석 구슬마다 온 우주가 들어가는 도리를 앞에서 언급했다. 하나의 구슬 속에 다른 모든 구슬이 들어 있고 다른 모든 각각의 구슬에 하나의 구슬이 들어간다. 현수법장이 측천무후에게 화엄의 원리를 유리방의 비유로 설명하였다. 빅뱅 이전의 한 점에 모든 공간과 시간이 들어 있었던 것도 작은 손바닥에서 무한을 쥐는 원리와 상통한다.

한 시간 속에서 영원을 잡노라.
이것은 〈법성게〉의 다음 구절과 상응한다.

무량한 겁이 곧 한순간이요
한순간이 곧 무량한 겁이로다.
無量遠劫卽一念(무량원겁즉일념)
一念卽是無量劫(일념즉시무량겁)

위에서 언급한 의상대사의 십전법의 논리를 적용해 보면 무량한 겁이 곧 한순간이요, 한순간이 곧 무량한 겁임을 이해할 수 있다. 일찰나가 모여 무량겁이 된다. 무량겁은 일찰나를 떠나서 있는 것이 아니다. 그러므로 일찰나 속에 무량겁이 있는 것이다. 이것이 일중일체이다. 또 일찰나가 없으면 무량겁이 없다. 이것이 다중일이다.

  시간과 공간은 고정된 실체가 아니다. 인간 세상의 시간과 천상 세계, 별들의 시간은 다르다. 시간과 공간은 절대적인 실체가 아니라 조건에 따라 달라진다. 2014년에 개봉된 공상 과학 영화 〈인터스텔라〉는 중력의 크기에 따라 시간이 빠르게 또는 느리게 흐르는 것을 보여준다. 블랙홀에서는 중력이 강하여 지구에서 관찰했을 때 시간이 매우 늦게 흐른다. 우주선을 타고 이 블랙홀을 통과한 주인공이 딸과 재회했을 때 아버지는 여전히 30대의 외모이나 딸은 120세의 노인이 되어 있다. 이것은 한 시간 속에서 영원을 잡는 이치와 상통한다.

  불교의 세계관과 우주론에 따르면 일체중생은 자신이 지은 업에 따라 여섯 갈래의 세계를 돌며 생사유전을 거듭하는데 이를 육도윤회라고 한다. 이 여섯 갈래는 지옥, 아귀, 축생, 아수라, 인간, 천상 세계이다. 이 육도는 욕계, 색계, 무색계, 즉 삼계로 구성되어 있다. 욕계는 욕망이 지배하는 세계이며, 색계는 욕망은 떠났으나 아직 물질적인 형체가 남아 있는 세계이며, 무색계는 물질적인 것도 사라진 순수 의식의 세계이다. 욕계는 밑에서부터 지옥, 아귀, 축생, 아수라, 인간, 여섯 개의 천상 세계로 구성되어 있다. 이 여섯 개의 천상 세계를 욕계 6천이라고 한다. 색계에는 18천, 무색계에는 4천이 있어 모두 28개의 천상 세계가 있다. 욕계 6천 중 제일 아래에 있는 사왕천의 하루는 인간 세상의 50년이며, 수명은 9백만 인간년이라고 한다. 사왕천 위에 있는 도리천의 하루는 인간 세상의 100년, 수명은 3천6백만 인간년, 욕계 6천의 제일 꼭대기에 있는 타화자재천의 하루는 인간 세상의 1600년, 수명은 92억 1천6백만 인간년이다. 색계 16천 중 초선천인 대범천은 수명이 1무량겁, 2선천인 광음천은 8대겁이라고 한다. 무색계 4천인 비상비비상천의 수명은 8만4천 대겁이라고 한다. 천상 세계와 인간 세상의 하루와 수명을 비교해 보면 한 시간 속에서 영원을 잡는다는 얘기를 이해할 수 있다.

또 한 시간 속에서 영원을 잡는다는 것은 마음의 시간을 봐도 알 수 있다. 꿈속에서 수십 년의 긴 인생을 살았는데 깨어 보니 방금 전에 넣어두었던 커피포트의 물이 아직 끓지도 않았다. 한 시간이 영원이요 영원이 한 시간인 상즉의 원리가 여기에 있다. 한단지몽(邯鄲之夢)이란 고사가 있다. 중국 당나라 현종 때 노생(盧生)이라는 젊은이가 한단으로 가는 도중 주막에서 쉬다가 잠이 들었다. 노생은 고관대작이 되어 80년 동안 잘 살다가 죽었는데 깨어 보니 꿈이었다. 주막집 주인이 짓고 있던 메조 밥이 아직 뜸이 들지 않았을 정도로 짧은 꿈이었다. 원효대사, 의상대사와 함께 낙산 삼성(三聖)의 한 사람으로 불리는 조신(調信) 스님의 얘기도 이와 유사하다. 삼국유사에 나오는 이야기인데 이광수의 소설 〈꿈〉을 통해 널리 알려지게 되었다. 조신이 어떤 여인을 사랑하여 부부의 연을 맺고 수십 년을 살아간다. 처음에는 사랑의 달콤함을 즐기게 된다. 그러나 나중에는 인생의 괴로움을 겪다가 이별하는데 깨어 보니 잠시의 꿈이었다는 이야기이다.

화엄은 개체와 전체의 관계를 동일성과 상호의존성으로 설명한다. 〈대승기신론〉에는 바닷물과 파도의 비유가 있다. 바닷물과 파도가 모양은 다르나 본성은 하나이다. 현상계의 개체들은 원융무애하여 일체가 서로 받아들이고(상입) 서로 하나가 되어(상즉) 연기적 세계를 이루고 있다. 손가락으로 만드는 가위, 바위, 보는 서로 다른 모양이나 세 가지는 하나이다. 가위도 바위도 보도 모두 같은 손이다. 인연 따라 가위도 바위도 보도되는 것이다. 얼음, 눈, 물, 비, 구름은 다르나 습한 성질이란 자성은 같다. 이와 마찬가지로 나무, 돌, 바람, 인간, 너와 나도 상입상즉의 세계에서는 하나이다. 이 원융무애한 세계는 언어 문자나 생각으로는 알 수 없고 오직 체험을 통해 증득할 수 있다고 의상대사는 〈법성게〉에서 밝히고 있다. 개별자는 현상 세계에서는 각각 모양이 다르지만, 심층 세계에서는 하나임을 화엄 철학은 보여준다. 그러므로 나와 너는 남이 아니라 같은 하나이다. 이 도리를 증득한다면 존재와 우주를 보는 새로운 안목이 열리고 획기적인 삶의 전환이 이루어진다. 나와 남이, 나와 모든 객관 세계가 하나라는 자타불이(自他不二)의 인식은 놀라운 기적을 만들어낸다. 상입상즉의 세계를 꿰뚫어 보면 증오와 갈등, 대립과 전쟁이 있을 수 없다. 이기주의와 환경 파괴도 없다.

화엄 철학은 남에게 하는 것이 곧 나에게 하는 것임을 가르친다. 현상 세계의 모든 것은 하나의 뿌리를 공유하고 있기 때문이다. 이것이 일체동근(一切同根) 사상이다. 오른손이 아파 왼손이 약을 발라주었는데 왼손이 오른손에게 "내가 너를 도와줬어"라고 하지 않는다. 오른손이나 왼손이나 하나의 몸이기 때문이다. 상입상즉의 화엄 철학은 상생과 공존의 사상이다. 진정한 평화와 행복의 길이 여기에 있다. 화엄 철학은 언설을 떠난 고준한 가르침이지만 평범한 일상 속에서 실천할 수 있다. 주고받는 작은 친절과 배려, 이해와 관용, 따뜻한 말 한마디로 화엄의 대의를 현실에서 구현할 수 있다. 그럴 때 너와 나, 우리 모두는 지상에서 천국을 건설하는 야생화 한 송이가 된다.

화엄 철학은 또 거시적 차원의 과제를 해결하는 방법을 제시하고 있다. 인간이 환경을 파괴한 과보로 인해 기후 변화의 대재앙이 수십 년 내에 닥칠 것이란 암울한 경고가 나온 지도 오래되었다. 벌써 그 재앙의 조짐이 세계 곳곳에서 나타나고 있으며 해가 갈수록 그 강도가 커지고 있다. 그런데도 세계 각국은 이기적 민족주의와 근시안적 이익에 집착하여 대재앙을 막을 효과적인 방안을 신속히 추진하지 못하고 있다. 집에 불이 붙었는데 그 안의 사람들은 재산 다툼을 하고 있는 것이다. 이런 가운데 인류와 문명 자체의 생존에 대한 위협이 한 걸음씩 다가오고 있다. 거기에 더하여 미국과 중국의 패권 경쟁과 신냉전 체제의 부상 조짐은 인류가 직면한 실존적 위협에 대응할 역량을 결집하는 데 장애가 되고 있다. 화엄 철학은 개체와 전체는 상호 의존하는 하나라는 것을 보여준다. 이러한 인식 속에 전 지구적인 과제들을 해결할 열쇠가 들어 있다. 블레이크의 〈순수의 전조〉와 의상대사의 〈법성게〉는 탐욕과 분노, 어리석음으로 가득 찬 사바세계에 던지는 희망의 메시지이다. 아울러 현재 인류가 직면한 거대한 문명사적 도전을 헤쳐나갈 지혜를 제시하고 있다. 인류는 화엄의 지혜를 실천하여 이 미증유의 도전을 극복하느냐 아니면 재앙의 길로 나아가느냐 하는 기로에 놓여 있다.

4부

까치와 인생

작은 생명체도 생존을 위한 근원적
고(苦)에서 예외가 아니라는 데 짠한
연민을 느낀다.

Fall in Love 그 모순과 숙명

영어의 표현에 fall in love라는 것이 있다. 우리말에도 '사랑에 빠진다'라는 것이 있는데 이 점에서 두 언어는 완벽한 대칭을 이룬다. 길을 가다 보면 맨홀이 있고 가끔 뚜껑이 열려 있는 경우가 있다. 만약 눈을 감고 이 길을 지나간다면 어떻게 될까. fall in love란 바로 이런 것과 유사하다. 사랑에 빠지는 것은 사랑이 갑자기 예기치 않게 찾아와 당사자가 상대방의 가슴 속에 풍덩 빠지는 것을 가리킨다. 그 사랑은 통제 불능의 압도적인 감정으로 과장이 부자연스럽지 않다. 자나깨나 상대방을 생각하고 그리워하기 때문이다.

사랑에 빠지면 연모, 흥분, 행복감 등 강렬한 감정에 휩싸이게 된다. 뇌에서 신경생물학적 메커니즘이 작동하여 도파민, 세로토닌, 옥시토신 등 신경화학물질을 분비하여 황홀한 느낌이 넘쳐흐른다. 도파민은 기쁜 감정을 지배하는 신경전달물질이며 세로토닌은 행복감을 느끼게 하는 행복 호르몬이다. 옥시토신은 사랑과 신뢰의 감정을 높여주는 사랑 호르몬이다. 다음은 16세기 조선 시대의 여류 시인 이옥봉(李玉峯)의 칠언절구 〈자술(自述)〉의 후반부 두 구절이다. 사랑에 빠졌을 때 느끼는 깊은 애착과 사모를 드러내고 있다.

만약 꿈에 가는 영혼에 발자취가 있다면
그대 문 앞의 돌길이 반은 모래가 되었으리.
(若使夢魂行有跡 門前石路半成沙)
(약사몽혼행유적 문전석로반성사)

13~14세기를 살았던 고려 시대의 문인 이제현(李齊賢)은 다음과 같은 시를 남겼다. 사랑의 기쁨과 더불어 심혼을 뒤흔드는 fall in love의 강력한 인상과 무한한 여운을 보여준다.

실버들 늘어진 시냇가에서 빨래를 하다가
백마 타고 온 도령님과 마음을 속삭이며 잡았던 손
처마에 퍼붓는 석 달의 장맛비라도
어찌 차마 손끝에 밴 여향을 씻을 수 있으리오.

―――――――

(浣紗溪上傍垂楊 執手論心白馬郎
縱有連簷三月雨 指頭何忍洗餘香)

(완사계상방수양 집수논심백마랑

종유연첨삼월우 지두하인세여향)

Love is blind라는 말이 있다. 사랑은 눈먼 것이란 말인데 이것과 fall in love는 같은 논리의 연장선에 있다. Love is blind란 말이 언제부터 사용되었는지는 모르겠지만 그 역사는 아마도 인간이 엮어온 사랑의 역사만큼 길지 않을까 한다. 중세의 전고를 들자면 셰익스피어의 희극 〈베니스의 상인(The Merchant of Venice)〉의 2막 6장에 이런 구절이 있다.

사랑은 눈먼 것, 그리고 연인들은 보지 못하네.
저들이 저지르는 귀여운 바보짓을.
(Love is blind, and lovers cannot see,
The pretty follies that themselves commit)

인간에 대한 깊은 통찰로 인하여 만인의 넋을 타고났다는 평을 듣는 셰익스피어는 사랑에 대해서도 고금에 회자되는 명구를 많이 남겼다. 그의 또 다른 희극 〈한여름 밤의 꿈(A Midsummer Night's Dream)〉에서는 이런 말을 한다.

사랑은 눈으로 보는 것이 아니라 마음으로 보는 것
고로 날개 달린 큐피드는 장님으로 그려져 있네.

(Love looks not with the eyes, but with the mind;
And therefore is winged Cupid painted blind.)

　사랑을 이야기할 때 빼놓을 수 없는 것이 로마 신화에 나오는 사랑의 신 큐피드이다. 활과 화살을 들고 날개를 단 아기의 모습으로 참 귀엽게 그려져 있다. 화살촉은 하트 모양으로 되어 있다. 이 화살은 사랑의 불을 댕기는 점화 장치이다. 옷은 모두 벗고 기저귀만 차고 있는 모습으로 그려지기도 한다. 셰익스피어가 말했듯이 이 큐피드는 가끔 눈을 가린(blindfolded) 모습을 하고 나오는데 이것은 곧 love is blind의 상징이다. "내가 눈에 지짐을 발랐지." 결혼 생활이 십수 년 차 되는 아주머니, 아저씨들이 가끔 하는 남편, 아내에 대한 불만의 표현이다. 이들이 눈먼 사랑의 대가를 깨달았을 때는 이미 돌이킬 수 없는 일이다.

　우리가 두 눈을 똑바로 뜨고 정신을 바짝 차리고 걸어간다면 맨홀에 빠질 일이 있을까? 빠질 일이 없다면 fall in love란 말은 애초에 태어나지도 않았을 것이다. 그러나 fall in love가 없다면 이 세상이 돌아갈까? 그것이 없다면 마음이 통하여 사랑하고 아기를 낳고, 그 아기가 자라 다시 사랑에 빠지고(fall in love) 또 아기들을 낳고 이렇게 인간의 역사가 끊임없이 이어지지 않을 것이다.

　영어의 표현에 또 이런 것이 있다. 사랑 때문에 세상은 돌아간다.(Love makes the world go round.) 이 표현은 사랑이 인간의 삶과 사회를 추동하고 유지하는 근본적인 힘이라는 뜻이다. 더불어 사랑은 우리의 삶에 행복과 의미를 부여하고 세상을 아름답게 하는 소중한 요소라는 말이다. 요컨대 fall in love는 존재와 세계를 유지해가는 전제 조건이다. 그래서 fall in love는 우연으로 시작된 필연은 아닌지 모르겠다. 남녀 간의 일에는 셰익스피어가 말한 '귀여운 바보짓'을 겪는 시기가 있게 마련이다. 이 세상에 사랑에 '빠지는(fall in love)' 일이 없다면 사랑으로 일어서는(stand in love) 일도 없을 것이다.

사랑은 눈먼 것…
사랑은 눈으로 보는 것이 아니라 마음으로 보는 것

눈이 멀어야 보이고 빠져야 이루어지는 것. 이것은 fall in love의 영원한 모순과 숙명이다. 눈을 떠야 보이고 빠져나와야 성사되는 일상의 인생 공식과는 반대이다. 그래서 fall in love에는 사랑으로 일어서는 stand in love라는 출구가 필요하다. 사랑의 시작이 fall in love라면 사랑의 완성은 무엇일까? 그것은 사랑에 빠지는(fall) 것이 아니라 그 속에 사는(live in love) 것이다. 사랑과 별리를 읊은 아래의 시조는 live in love의 한 예이다.

묏버늘 가려 꺾어 보내노라 님의 손에
자시는 창밖에 심어두고 보소서.
봄비에 새닢 곧 나거든 날인가 여기소서.

위의 시조는 16세기 조선 시대 함경남도 홍원의 기생 홍랑(洪娘)이 최경창(崔慶昌)과 이별하며 지은 시조이다. 비록 몸은 떨어져 있어도 언제나 사랑하는 님과 함께하고 싶은 깊은 여심을 평이한 일상 언어로 담담하면서도 격조 높게 노래하고 있다. 여성의 몸으로 재회의 기약 없는 이별에 임하여 눈물의 흔적을 보이지 않았다. 떠나고 보내는 정한을 버들가지를 매개로 하여 시공을 초월한 영원한 사랑에의 염원으로 승화시킨 별리의 절창이다. 비록 이별의 시라 하나 이런 글을 받은 연인은 행복한 사람임이 틀림없다. 이 시조는 fall in love에서 한 걸음 더 나아간 원숙한 사랑 live in love를 보여준다. 쉽게 사랑하고 쉽게 헤어지는 요즈음 같은 세태에 보기 드문 높고 깊고 넓은 사랑을 느낄 수 있다. 설익은 사랑이 남긴 고통과 상처에 괴로워하는 많은 현대인의 사랑과는 다른 모습이다.

stand in love는 fall in love에서 live in love로 향하는 징검다리이다. 이 징검다리가 없을 때 생기는 사랑의 비극을 우리는 자주 본다. 오래도록 같이 살다가도 남남이 되는가 하면 뜨겁게 타올랐다가 금방 꺼져버리는 성냥불처럼 식어버린 사랑의 황폐한 잔해들을. 사랑의 아픔과 상처를 노래한 무수한 대중가요들은 징검다리 없이 추락한 사랑의 쓸쓸한 징표이다.

19세기 프랑스의 소설가 조르주 상드(George Sand)가 이런 말을 했다고 한다. "인생에는 오직 하나의 행복이 있을 뿐이다. 그것은 사랑하고 사랑받는 것이다." 역시 프랑스의 20세기 소설가인 생텍

쥐페리(Saint-Exupery)는 이렇게 말했다. "사랑은 두 사람이 마주 보는 것이 아니라 밖으로 같은 방향을 함께 보는 것이다." 상드가 사랑의 효용을 말했다면 생텍쥐페리는 그것의 의미에 초점을 둔 것인데, 각각 fall in love의 황홀과 live in love의 성숙에 연결해도 무방할 듯하다.

우리는 삶의 여러 국면에 끝없이 끌려다닌다. 분노 속에 살기도 하고(live in anger), 좌절 속에 살기도 하고(live in frustration), 때로는 증오 속에(live in hatred), 때로는 두려움, 불안 또는 슬픔 속에 살기도 한다.(live in fear, anxiety or sadness) 또 항상 욕망과 목마름 속에 산다.(live in desire and thirst) 어떤 이는 만족 속에 살고(live in satisfaction), 또 어떤 이는 설렘과 기대(live in anticipation and expectation), 그리고 희망과 평화 속에 산다.(live in hope and peace) 우리가 진정 원하는 삶은 어떤 것일까?

사랑하는 것은 사랑을 받느니보다 행복하나니라.
... (중략)
사랑하였으므로 나는 진정 행복하였네라.

유치환의 〈행복〉이란 시의 첫 행과 마지막 행이다. 이것은 live in love와 live in happiness의 통합을 보여준다. fall in love에서 stand in love로, 거기에서 한 단계 더 나아가 live in love, live in happiness로 확대되는 사랑의 한 모델을 읽게 된다. 빠짐

(fall)의 방식에서 상승(rise)의 방식에로의 질적 전환을 이룰 수 있다면 우리는 fall in love의 모순과 숙명을 탓할 필요는 없겠다.

방송 사고

　방송국에서 근무하다 보면 프로듀서가 제일 신경 쓰는 것이 방송 사고이다. 정확히 말하면 방송 사고 예방이다. 20~30여 년 방송국에 근무하면서 크고 작은 방송 사고를 내보지 않은 프로듀서는 드문 것 같다. 나도 방송국을 퇴직한 지 수년이 지났지만, 아직도 방송 사고를 막기 위해 안간힘을 쓰는 꿈을 꿀 때가 있다. 방송 시간은 다가오는데 뉴스는 아직 준비가 안 되고 같이 제작해야 할 동료는 나타나지 않는다. 불안과 초조 속에 진땀을 흘리며 어쩔 줄 몰라 하는 상황에서 깨보니 꿈이 아닌가. 마치 행정 착오로 다시 군에 입대하라는 통보를 받고 망연자실하는 제대 군인의 꿈과 유사하다. 방송 사고는 방송이 나가야 할 시간에 발생하는 모든 비정상적인 사고를 가리킨다. 무음, 전송 중단, 기술적 문제, 돌발 사고, 자막 오류 등 여러 가지가 있다.

　나와 오래 같이 근무한 후배는 나를 일러 돌다리도 두드려보고 건너는 신중한 성격이라고 한다. 그럼에도 불구하고 몇 건의 사고를 냈다. 2000년대 어느 날인 듯하다. 국제 라디오 뉴스를 위해 신관 지하 주조정실에서 아나운서, 엔지니어와 함께 생방 대기를 하고 있었다. 당시는 릴테이프를 쓰던 시절이었다. 생방 녹음용 테이프, 오프닝(개시) 시그널, 방송국 소개 멘트인 스테이션 아이디(Station ID, ─ 여러분은 지금 대한민국의 수도 서울에서 보내드리는 국제방송을 듣고 계십니다.You are now listening to Radio Korea International, coming to you from Seoul, the capital of the Republic of Korea.)를 플레이어에 걸어놓고 오후 5시 정각에 오프닝 시그널부터 방송에 들어가게 되어 있었다.

그런데 이게 웬일인가. 스튜디오 라이트에 빨간 불이 들어오자 클로징(종료) 시그널(Closing Signal ─ 여러분은 지금 대한민국의 수도 서울에서 보내드리는 국제방송을 들으셨습니다.You've now listened to Radio Korea International, coming to you from Seoul, the capital of the Republic of Korea.)이 흘러나오는 것이 아닌가. 진행을 맡고 있던 담당 프로듀서인 나는 머리가 하얗게 될 정도로 놀랐다. 중단할 수도 없는 생방 상황이라 그냥 진행하는 수밖에 다른 도리가 없었다. 스튜디오 안 프로듀서의 표정을 보니 그도 잘못된 것을 알아챈 것 같았다. 당시에는 프로듀서가 방송도 하던 시절이었다. 그러나 엔지니어는 모르는 듯했다. 아마 영어 클로징 시그널을 못 알아들었거나 아니면 내용에 신경을 쓰지 않았기 때문이 아닌가 짐작된다. 사고의 원인은 오프닝 시그널을 걸어야 하는데 잘못하여 클로징 시그널을 건 것이었다.

가슴 조이는 마음으로 본관 5층 사무실로 들어서니 일단 분위기에 이상이 없었다. 사무실에 보통 모니터를 켜놓고 있는데 그날은 모니터가 꺼져 있었다. 신관 지하 주조정실에서 방송 사고를 알고 있는 사람은 나와 아나운서뿐이고 사무실에는 아는 사람이 없었다. 일단 안도의 한숨을 쉬었다. 이제 알아봐야 할 곳은 김제 송신소이다. 거꾸로 나간 시그널을 알아차린 엔지니어들이 있는지 확인해야 한다. 궁금하기야 말할 수 없으나 그렇다고 전화하여 물어볼 수도 없었다. 방송 사고를 광고하는 것이 되니 말이다. 안면이 있는 엔지니어가 있으면 넌지시 알아볼 수도 있겠지만 송신소에 그런 사람은 없었다. 이런 경우에는 하루 정도 기다려 보고 아무런 연락이 없으면 김제 쪽에서도 사고를 감지하지 못했다는 말이다.

초조하게 하루를 기다리지 않고 당장 알아보려면 방법이 없는 것은 아니다. 방송 운행과 관련이 없는 업무, 가령 해외 수신 감도 같은 것을 문의해 보고 전화 끊기 전에 의례적인 어투로 "송출에 이상 없죠?"라고 물어보는 것이다. 이상 없다고 하면 수고하시라 하고 전화를 끊으면 된다. 긴 얘기 하지 않아도 전화를 걸 때 첫 반응을 보면 당장 그들이 방송 사고를 인지하고 있는지 여부를 알 수 있다. 다행히 내부에서는 프로듀서와 아나운서만 입 다물고 있으면 별일 없이 넘어간다.

생방 중에 사고가 발생하고 나서 이곳저곳의 동태를 파악한 후 해야 할 일이 있다. 생방 후 권역과 시간대별로 여러 번 재방이 나가기 때문에 생방을 녹음해 놓은 테이프를 수정해야 한다. 클로징 시그널을 들어내고 오프닝 시그널을 넣어 재방부터는 정상적으로 나가게 한다. 그런데 그게 끝이 아니다. 해외 청취자와 고정 모니터들이 발견하고 우편이나 팩스로 연락해 오는 경우가 있기 때문이다. 적어도 일이 주 정도는 경과해야 그들이 방송 사고를 인지했는지 여부가 판가름 난다. 다행히 고정 모니터나 청취자 수신 보고서도 없어 무사히 넘어가게 되었다. 설사 수신 보고서에서 사고 보고를 한다고 해도 프로듀서만 알기 때문에 문제될 것은 없다. 이런 사고는 블랭크(blank), 즉 방송 중 무음이 아니었기 때문에 사고가 났지만 아무 일 없이 넘어갔다. 국내 방송이었다면 당장 작지 않은 방송 사고로 드러났을 것이다.

한번은 오전 11시 뉴스를 하기 위해 아나운서와 스튜디오에서 대기하고 있었다. 방송 시작 5분 정도 앞두고 속보가 들어와 기사 수정을 하다가 2, 3분 전에 방송 파일을 전송했다. 새로운 방송용 파일이 완성되면 주조정실에 최소 5분 전에 전송해야 한다. 속보 욕심 때문에 생긴 사고였다. 새로운 방송 파일이 올라오지 않으면 그 이전 방송 파일이 자동으로 송출되도록 되어 있어 외견상 문제는 없어 보인다.

방송도 사람이 하는 일이라 이런저런 방송 사고가 자주는 아니지만 가끔씩 발생한다. 그때마다 프로듀서나 엔지니어들이 곤란에 처하게 된다. 방송 사고가 발생했을 경우 프로듀서와 엔지니어가 입을 맞추어 없던 것으로 하고 넘어가는 경우도 있다. 나중에 다른 사고가 나면 예전에 난 사고가 들통이 나는 경우도 있다. 마치 고구마 줄기에 다른 고구마가 얽혀 올라오듯이. 이런 경우에는 사고 은폐로 가중 처벌을 받게 된다. 사고의 종류도 다양하다. 방송을 다 제작해놓고 Clean for Air, 즉 방송 승인을 해놓지 않고 휴가를 간 경우도 있었다. 그런가 하면 다른 사람이 저지를 뻔한 방송 사고를 예방해 준 경우도 있다. 사고가 잦아지면 경영진들이 3회 연속 방송 사고를 낼 경우 가중 처벌하는 조치 등 징계를 강화해도 사고는 꾸준히 발생한다.

입사하여 선배들에게 들은 방송 사고 얘기 중에는 참 웃기는 것들이 있다. 당시에는 국제방송이 여의도 동쪽 KBS 별관에 있었다고 한다. 릴테이프를 사용하던 시절인데 별관에서 방송을 제작하여 택시를 타고 국회의사당 앞에 있는 본관 지하 주조정실까지 전달하여 송출하였다고 한다. 어느 날 어떤 PD가 일찌감치 제작을 마치고 나니 방송 시간이 아직 많이 남아 당구 한 게임 하기로 했다고 한다. 당구 삼매에 빠진 프로듀서가 정신을 차렸을 때는 첫 방 시간이 지난 때였다. 여기저기에서 방송 테이프와 아무개 프로듀서를 찾느라 난리가 났다고 한다. 요즈음처럼 휴대폰도 없던 시절이니 그 난리가 짐작이 된다. 그 PD가 어떤 처벌을 받았는지는 듣지 못했다.

다음 이야기는 입사 후 얼마 안 돼 당시 담당 A 부장으로부터 들은 것인데 자신이 평PD 때 저지른 방송 사고이다. 당구장에서 노느라 대형 사고를 친 아무개와는 다른 종류의 사고이다. 이 A PD

는 제작을 마치고 방송 테이프를 본관 주조정실에 모범적으로 인계하고 퇴근했다고 한다. 집에서 방송을 모니터하려고 라디오를 켜는 순간 가슴이 철렁하며 경악을 금치 못했다고 한다. 모든 것이 2배속으로 녹음이 되어 돌아가고 있었다고 한다. 번개같이 일어나 택시를 타고 방송국에 도착해 보니 한 시간짜리 테이프는 이미 다 돌아간 후였다고 한다. 방송 사고에는 위에서 열거한 것만 있는 것이 아니다. 내용상의 오류도 포함된다. 국제방송 영어 방송은 심의실에서 모니터하고 심의 결과를 국장에게 통보해 주었다. 당시 B 선배는 수시로 국장에게 불려가 심의실의 지적 사항을 통보받고 싫은 소리를 듣고 나왔다.

백 번 잘하다가도 한 번 사고 치면 죄인 된 꼴로 한동안 의기소침해진다. 선배들이나 동료들이 저지른 방송 사고 얘기를 들으면 내가 저지른 것은 비교적 경미한 것으로 그것 때문에 처벌받은 것은 없었다. 그러나 방송 사고 예방을 위해 신경을 많이 썼다. 방송 파일을 완성하고 송출 승인하고 퇴근하고 나서도 제대로 보냈는지 생각이 날 때가 많다. 생각할수록 잘못한 것 같은 느낌이 든다. 이것이 방송 종사자의 직업병이다. 릴테이프 시대가 끝나고 디지털 파일 제작 시대가 도래한 후 방송용 완성 파일을 승인하여 주조정실로 전송하고 나서 꼭 하는 일이 있다. 주조정실에 전송확인 전화를 하고 편집기에 방송 승인된 전송 파일을 휴대폰으로 사진 찍어 보관하는 것이다. 전송 후 제대로 보낸 건가 하는 불안한 생각이 들면 퇴근 후에도 언제든지 사진으로 확인할 수 있다. 그래서 불필요한 스트레스에서 벗어날 수 있다. 또 디지털 편집기의 기술적 오류로 파일이 없어지는 경우에도 제작자를 보호하는 증거가 된다.

　제작 중에 발생하는 사고에 대응하느라 노심초사하거나 방송 사고 예방을 위해 사진까지 찍어두는 모습을 보면 프로듀서라는 나 자신이 참 왜소하게 보인다. 물론 나뿐만이 아니다. 한국은 방송 사고에 대한 인식 자체가 매우 엄격하다. 관리자나 현장 제작자 모두 방송 사고는 절대 일어나서는 안 된다는 생각을 갖고 있다. 이런 의무나 사명감은 전문성과 완성도를 높이는데 기여하지만 동시에 스트레스 지수도 끌어올린다. 국제방송은 가청, 시청 권역 확대를 위해 해외 방송사들과 여러 방식으로 협력한다. 교환 송출, 위성, 해외 송신소, 현지 FM 채널 임차 등이 그것이다. 해외의 임차 송출 대행사들과 관련 업무를 해보면 그들은 방송 사고에 대해 한국처럼 엄격하지 않다는 것을 알 수 있다. 해외 임차 송출이라 한국에서는 방송 사고가 나도 알 수가 없다. 다만 청취자들의 수신 보고를 통해 발견하게 되면 임차 송출 대행사에 연락하여 확인한다. 불방 시간만큼 임차료에서 차감하는데 이들의 말을 들어보면 일 년에 사고 몇 번 정도이면 매우 양호한 수준이라고 한다. 한국에서는 방송 사고 내면 죄인 된 기분이 들고 징계를 받으면 상당 기간 동안 기분이 가라앉는데 문화적인 차이라 하겠다.

오보와 기사 오류

언론사는 빠르고 정확한 뉴스를 지향한다. 그러나 뉴스는 신속 정확해야 한다는 당연한 명제가 현실에서 실현되지 않는 경우가 자주 발생한다. 경쟁사와의 속보 경쟁, 특종 욕심에 매몰되어 대형 오보를 낸 사례를 언론의 역사에서 여러 번 목격했다. 늦지만 정확한 뉴스가 틀린 속보보다 낫다. 미국의 유명 언론인이었던 조셉 퓰리처(Joseph Pulitzer)는 이런 말을 남겼다. 뉴스에서 중요한 것은 첫째도 정확성(accuracy), 둘째도 정확성(accuracy), 셋째도 정확성(accuracy)이다.

한국 언론사에서 최대의 오보를 꼽으라면 1986년 11월 16일 조선일보의 김일성 사망 보도이다. 하지만 이 기사는 18일 오전 김일성이 북한을 방문한 몽골 주석을 영접하기 위해 평양 순안공항에 나타나면서 오보로 밝혀졌다. 김일성 사망 소동은 전 세계로 퍼져 나가 한국 언론 오보 역사상 가장 참담한 '검은 양(black sheep)'

이라 할만하다. 김일성 사망 오보 이외에도 멀쩡하게 산 사람을 죽이고 다시 살려놓은 예는 많다. 북한 정보가 제한된 상황에서 특종 욕심에 눈이 멀어 나타난 현상이다.

2013년 8월 현송월 삼지연관현악단장이 총살되었다는 보도가 나왔다. 당시 국내 언론은 현송월이 음란물 제작 혐의로 다른 예술인 10여 명과 같이 총살됐다고 보도했다. 그러나 현 단장은 다음 해 5월 북한 전국예술인대회에 등장했다. 뿐만 아니라 2018년 평창 동계올림픽에서는 북한 예술단을 이끌고 한국을 방문하여 건재함을 보여줬다. 2013년 장성택 처형 이후에도 많은 숙청 관련 오보가 양산됐다. 일본의 한 언론 매체는 장성택이 사망한 해에 리수용 노동당 부위원장이 처형됐다고 보도했다. 그러나 리수용은 2014년 외무상에 임명되었다. 최룡해 최고인민회의 상임위원장 역시 2014년 5월 처형 보도가 나왔으나 나중에 공식 석상에 등장했다. 2015년 2월엔 일본 언론이 장성택의 부인이자 김정은의 고모인 김경희 전 노동당 비서의 사망설을 보도했다. 그러나 김경희는 장성택 처형 6년 만에 공개 석상에 모습을 나타내 죽었던 사람이 다시 살아났다. 북한 권부의 핵심 인물들의 신변을 둘러싼 오보는 과거에도 종종 발생했다. 그 이유는 북한 권부 관련 정보는 접근이 어려워 사실 확인이 거의 불가능하기 때문이다. 이런 오보는 보도의 신뢰성을 떨어뜨린다. 그리고 오보로 판명이 났을 때 사과도 없어 '아니면 말고' 식의 무책임한 보도라는 오명을 쓰게 되었다.

이 같은 참담한 오보는 외국에서도 일어난다. 미국의《시카고 트리뷴(Chicago Tribune)》지도 대형 오보의 구렁텅이에 빠진 적이 있다. 트리뷴지가 저지른 가장 유명한 오보는 1948년 11월 3일 자에 나간 보도이다. 1면에 대문짝만하게 '듀이 후보 트루먼에 승리(DEWEY DEFEATS TRUMAN)'라는 기사였다. 여론조사와 전문가의 예측만 믿고 뉴욕 주지사였던 토머스 듀이(Thomas Dewey)가 해리 트루먼(Harry S. Truman)을 누르고 승리할 것을 확신하고 쓴 기사였다. 트루먼은 민주당 현직 대통령이었고 듀이는 공화당 후보였는데 트리뷴은 친공화당 성향의 신문이었다.

2009년 5월 31일 미국의 공영 라디오 방송인 NPR의 서울 특파원이 서울발 리포트에서 대형 사고를 쳤다. 시청 앞에서 노무현 전 대통령 서거 후 추모 분위기를 보도하면서 이명박 대통령이 자살했다고 하여 청취자들을 아연실색하게 했다. 처음에는 귀를 의심했으나 나중에 다시 들어봐도 분명히 NPR이 죽인 사람은 이명박이었다. 2009년 6월 16일 자 《크리스천 사이언스 모니터(Christian Science Monitor)》지도 NPR급은 아니지만 큰 사고를 쳤다. 이 신문의 한 기자가 한미 정상회담을 보도하는 리포트를 보냈다. 이 보도에서 그는 한미 FTA를 북한과 미국 사이, 즉 북미 FTA로 둔갑시켰다. 한 언론사에서는 졸지에 멀쩡히 살아 있는 대통령을 죽이고 다른 언론사는 국민도 모르는 사이에 나라 이름을 무단으로 바꾸어버렸다.

미국의 유명 일간지인 《뉴욕 타임스(New York Times)》지도 시퍼렇게 살아 있는 여러 사람을 무덤으로 보낸 바 있다. 1994년 4월

17일 자 기사에서 이 신문은 오보를 정정하는 다음과 같은 기사를 내보냈다. "어제 이라크 북부에서 발생한 두 대의 미군 헬기 피격 사건 희생자 명단에 포함된 장성은 편집상의 실수로 잘못된 것임을 밝힙니다. 이 장성은 야전 작전 사령관인 스콧 필킹턴 준장으로 이번 사고의 사망자가 아니므로 정정합니다." 필킹턴 준장의 가족과 친지들이 이 뉴스를 보고 얼마나 망연자실했을까.

신문은 또 죽은 사람을 다시 살려내기도 한다. 《유에스에이 투데이(USA Today)》지의 국제판은 1992년 10월 14일 자에서 이미 고인이 된 프랑스의 배우 이브 몽땅(Yves Montand)이 생일을 축하했다고 보도했다. 그리고 죽는다고 해서 그것이 끝이 아닌 경우도 더러 있다. 다음은 1994년 1월 22일 자 《뉴욕타임스》지에 게재된 기사이다. "12월 26일 자에 본보가 내보낸 노먼 빈센트 필(Norman Vincent Peale) 목사 사망 기사에서 필 목사의 마지막 저서를 잘못 보도했습니다. 필 목사의 마지막 저서는 《이 놀라운 세기(This Incredible Century)》가 아니라 《성공하는 삶을 위한 성서의 힘(Bible Power for Successful Living)》이므로 정정합니다." 《뉴욕타임스》지는 161년 전에 쓴 자사의 기사를 정정하여 화제가 된 적이 있다. 2014년 3월 4일 자 정정 기사에서 1853년 1월 20일 자 기사에서 사람 이름을 잘못 표기했다고 정정했다. 1853년 기사는 납치돼 노예로 팔렸나가 12년 민에 자유를 되찾은 흑인의 인생 역정을 소개했다. 그 흑인의 이름은 '솔로몬 노섭(Solomon Northup)'인데 기사 본문에는 'Northrop'으로, 제목에는 'Northrup'으로 표기했었다.

　이미 오래전에 기정사실로 굳어진 현상에 대해서도 언론은 실수를 한다. 다음은 1993년 9월 23일 자 《뉴욕타임스》지의 정정 기사이다. 추분 행사를 보도한 기사에서 춘분도 언급했는데 문제가 발생했다. "뉴저지에서 개최된 추분 기념행사 관련 본보 기사에서 춘분의 날짜가 틀렸기에 바로잡습니다. 춘분은 6월이 아니라 3월에 있습니다. 이 기사와 같이 게재된 사진 설명문에서 행사 날짜를 화요일로 보도했는데 일요일이므로 정정합니다." 추분 행사에 춘분을 언급했는데 기사에서 춘분을 6월에 있다고 보도한 것이다. 그리고 《시카고 매거진》은 1991년 9월 어느 기사에서 다른 신문의 오보를 다음과 같이 보도했다. "《트리뷴》지는 일출과 일몰 시간을 잘못 보도하고 개기 일식이 실제로 일어난 날짜보다 나흘 앞서 일어난 것으로 보도한 것에 대해 사과했다. 그리고 《선타임스》지도 일식 날짜를 잘못 보도했는데 정정 기사에서 하루밖에 틀리지 않았다고 말했다"라고 보도했다.

　보도 종사자가 수행하는 모든 직무에는 지켜야 할 원칙이 있다. 그것은 정확성과 공정성이다. 어떻게 보면 자질구레하고 사소하게 보이는 숫자, 철자에서부터 문법, 사실(fact)에 이르기까지 오류를 범하면 그것이 아무리 작은 것이라도 이 원칙을 손상시킨다. 모든 실수는 언론사의 신뢰도를 훼손한다. 신뢰도를 깎아내리는 실수는 큰 실수보다 작은 실수일 경우가 많다. 큰 실수는 눈에 잘 띄기 때문에 사전에 방지할 수 있는 경우가 많지만 작은 실수는 눈에 잘 띄지 않아 걸러내기 쉽지 않다. 크고 작은 실수는 항상 신문이나 방송에 끼어든다. 그러나 독자나 시청자들로부터 이에 대한 지적이 들어와서 정정 기사나 방송을 내지 않으면 어디에서 실수했는지도 모른다. 또 보도 종사자들이 직접 실수를 찾아본 후 그들과 관련된 것이 아니거나 작은 것이면 보통 모르고 지나가는 경우가 많다. 정정 기사란이나 편집자주(編輯者註) 난을 한번 읽어본다면 유명 신문도 실수투성이라는 사실을 어느 정도 알 수 있다.

19세기 영국의 작가 새뮤얼 버틀러(Samuel Butler)는 "언론이 하는 가장 중요한 봉사는 인쇄 매체를 대할 때 불신을 갖고 볼 것을 사람들에게 가르쳐 주는 것"이라고 했다. 기사에서 오류를 완전 제거한다는 것은 하나의 목표일 뿐이지 현실은 아니다. 다만 얼마나 줄일 수 있느냐가 괜찮은 언론과 2, 3류를 구분하는 척도이다. 뉴스룸에는 두 개의 룰(rule)만 존재한다.

Rule 1 : 정확성을 기하라.
Rule 2 : Rule 1을 잊지 말라.

필자도 언론사에서 국제 뉴스를 제작하며 신문이나 방송, 통신사 등 타 매체에서 내보낸 오보를 수없이 접하였다. 오보를 수집해 놓은 것이 아마 책 몇 권 분량은 될 정도이다. 처음에는 공익 차원에서 오보나 오류를 지적해 바로잡도록 했지만, 이 일을 하자면 나의 업무에 장애가 되어 포기하였다. 특히 외신을 인용하는 기사에 오류가 많이 발견되었다. 주로 영어 모 기사의 의미를 제대로 이해하지 못하여 잘못된 정보를 전하거나 이상한 번역 투의 문장을 쓰는 경우가 많았다. 요즈음은 독자들이 기사를 보고 이상하다 싶으면 외신 기사 원문을 찾아 비교해 보고 잘잘못을 알아내는 시대이다. 외신을 인용할 때도 정신을 바짝 차리지 않으면 수준 높은 독자들로부터 따가운 소리를 들을 수 있다. 또 독자나 시청자의 지적을 상사가 받을 경우 해당 기자는 상사로부터 질책을 받을 수도 있다.

오보나 기사 오류와는 다른 것도 있다. 국제 뉴스를 제작하다 보면 웃기는 일을 접하는 경우가 있다. 영어로 제작하는 국제 뉴스의 경우 원어민이나 재미 교포들이 기사 작성, 교열과 편집을 담당하는 경우가 많다. 교포들의 경우 아주 어릴 때 미국으로 이민 가서 한국어 수준은 매우 낮고 영어는 원어민 수준이다. Dr. Ahn Jung-geun, Mr. Lee Ru-su, Stone Kim Yong-ok. 보도 현장에서 제작을 하며 접한 말들이다. 안중근 의사, 이루수(야구 second baseman), 도올 김용옥이 그 주인공들이다. 해외에서 오래 산 어떤 외교관의 딸은 외제차, 수입차를 해외차로 부르기도 했다. 이런 것들은 한번 웃게 해주는 귀여운 실수로 물론 1차 편집 단계에서 걸러진다.

뉴스 제작과 관련된 것은 아니지만 이런 것도 있다. 연전에 첼로로 가요를 연주해 주는 어떤 유튜브 채널에서 청취자의 신청곡을 미리 받아 생방으로 연주해 준 적이 있었다. 필자가 희자매가 불렀던 〈실버들〉을 신청했는데 생방 진행 관계자들이 이 말뜻을 모르는 것이었다. 어떤 이는 silver field, 또 어떤 이는 silvers(silver 의 복수)인 것으로 짐작했다고 했다. 이 노래가 나온 것이 1978년 으로 자신들이 태어나기도 전이니 그럴 만도 하다는 생각이 들었다. 큰 세대 차에 놀라면서도 '참 창의적인(?) 해석도 있구나' 하고 생각했다.

필자는 방송국에서 근무하며 오랫동안 국제 보도 제작 업무를 담당했다. 뉴스는 제작진을 기다려 주지 않는다. 매일 같은 시간이 되면 어김없이 뉴스는 방송되어야 한다. 기사 마감 시간은 가차 없다. 비가 오나 눈이 오나, 평일이나 휴일이나 일 년 365일 뉴스룸은 돌아간다. 국제 뉴스는 영어 등 외국어로 제작되어 방송되기 때문에 제작 시간이 많이 걸린다. 제작 과정이 국내 뉴스보다 길 뿐만 아니라 제작 단계도 더 많다. 그래서 오류가 발생할 가능성이 국내 뉴스보다 높다. 먼저 기사 작성자(newswriter)가 한글로 된 모기사를 바탕으로 국제 뉴스 시청자나 청취자에게 맞는 기사를 작성한다. 반드시 한글 모기사만을 사용하는 것은 아니다. 통신사에서 보내는 영어 기사, 국내외 방송 뉴스, 보도자료 등 여러 가지 출처(news source)에서 나온 뉴스를 활용한다.

뉴스라이터는 국제 뉴스 시청취자들이 이해하기 쉽도록 사실(fact)을 재구성하거나 다시 쓰는 작업을 거친다. 인터뷰가 있을 경우 이것을 포함하여 구성한다. 인터뷰가 한국어로 된 경우 영어 더빙이 필요하다. 이렇게 작성된 기사는 원어민 편집자의 편집과 팩트 체크(fact check)를 거친다. 그다음에는 편집장의 검토를 거쳐 방송 승인이 되고 방송 대기 상태로 들어간다. 기사 선정에서부터 스튜디오에서 방송되기까지 뉴스는 이보다 더 많은 단계를 거치지만 대충 이런 식으로 제작된다.

  방송 시간에 임박하여 긴급 뉴스가 터지거나 중대한 사실(fact) 변경이 발생하면 뉴스룸은 비상 상태로 돌입하여 대응한다. 기사를 쓰고 편집을 하다 보면 뒤통수가 지끈하고 뜨끈해질 정도로 집중한다. 그렇게 집중하고 몇 단계의 팩트 체크를 거치지만 오류와 실수를 완전히 배제하는 것은 불가능하다. 단순한 숫자에서부터 내용상의 오류까지 다양한 문제가 발생한다. 뉴스룸이 지향하는 것은 무오류 기사이지만 현실은 그렇지 않다. 《뉴욕타임스》지 같은 유명 신문에도 매일 정정 기사가 없는 날이 거의 없다. 중요한 오류가 아닌 경우 독자나 시청자들이 모르고 지나가는 경우도 많다. 이런 경우 먼 훗날에 거짓이 진실로 둔갑하게 된다. 빡빡한 일정 속에서 제작하는 뉴스룸의 특성상 항상 무오류 기사를 제작한다는 것은 거의 불가능한 일이다. 평시이건 긴급 상황이건 무오류 기사가 현실에서 거의 불가능하다는 사실은 보도 업무 종사자들에게는 달갑지 않은 진실이다. 내가 보낸 기사에도 오류가 얼마나 되는지 알 수 없는데 다만 최소이길 바랄 뿐이다.

까치와 인생

　내가 사는 아파트에는 까치둥지가 네 개 있다. 모두 높은 소나무 위에 지은 것이다. 집이 네 개인 것으로 봐서 까치 네 가족의 보금자리인 것으로 짐작된다. 까치집 하나는 우리 동 건너편 동의 옆에 있다. 둘째 것은 바로 옆 동의 측면 벽에 가까운 소나무에 있다. 셋째 것은 이웃 동의 아파트 5층 베란다 바로 앞에 있고 넷째 것은 내가 사는 동 앞의 소공원에 있다. 이 아파트로 이사 온 지 근 20년 되는데 소공원에 있는 것을 제외하고는 이 까치집들이 정확히 언제 지어졌는지 모른다. 몇 년 전 까치들이 잎에 마른 나뭇가지를 물고 소공원에 있는 소나무 위로 들락날락하는 것을 목격하였다. 그 후 가끔씩 까치들이 공원 주위를 날아다니며 둥지 속으로 들어가는 모습을 본다.

　까치가 매우 영리한 새라고 알고 있는데 까치집의 위치만 봐도 알 수 있다. 이 둥지를 지어놓은 소나무는 높이가 약 15미터 정도이다. 까치집은 아파트 외벽과 가까우며 소나무의 꼭대기 부근에 있다. 그리고 동쪽, 남쪽, 북쪽 삼면이 아파트 건물로 둘러싸여 바람을 막아준다. 까치집은 소나무 몸통에서 가지가 지게 모양으로 자라나온 곳에 얹혀 있다. 가지가 몸통에서 나와 V자 모양으로 갈라진 곳에서 조금 올라간 곳에 또 다른 가지가 있다. 전체적으로 보면 몸통과 두 개의 가지를 지지대로 삼아 둥지가 안정적으로 고정되도록 까치집이 설계되어 있다. 이 삼각의 천연 지지대를 이용하여 까치가 둥지를 지은 것이다. 세 개의 까치둥지가 모두 이런 위치에 자리 잡고 있다. 소공원에 있는 까치집은 소나무의 잎이 무성하게 자란 곳 중앙에 자리 잡고 있다. 비바람으로부터 집을 보호하는 데 최적의 위치이다. 고개를 젖히고 위를 쳐다보면 참으로 안정적인 자리를 선정했다는 생각이 든다. 16층에 있는 우리 집에서 내려다보면 솔잎에 가려서 까치둥지는 보이지 않는다. 아래와 위로부터의 모든 위험으로부터 둥지를 보호할 수 있는 최적의 입지이다.

통상 까치가 집을 지을 때는 긴 나뭇가지를 물고 와서 우선 가로세로 방향으로 대충 틀을 잡는다. 이 틀은 강풍에도 날려 가지 않을 정도로 견고하게 배치한다. 가지와 가지가 종횡으로 맞물려 조금도 허술함이 없이 자리를 잡는다. 이 작업이 끝나면 본격적으로 둥지를 만든다. 그 영리함이 참으로 놀랍다.

까치는 부부가 같이 사는 새이다. 암컷과 수컷이 협력하여 번갈아 가며 집을 짓는다. 나뭇가지나 기타 재료를 부리로 물어와 필요한 곳에 끼워 넣어 둥지를 만든다. 까치 부부가 둥지를 완성하자면 최소한 수백 회의 비행을 해야 한다. 까치집에 사용된 나뭇가지나 다른 재료를 대충 세어 보고 유추한 숫자이다. 까치집을 올려다보며 나뭇가지를 세자면 목이 부러질지도 모른다. 설사 목이 부러질 정도로 오래 쳐다봐도 올바르게 세기는 어려울 것이다. 그래서 휴대폰 카메라로 가까이 당겨 촬영한 후 세보는 게 좋다. 그렇게 해도 정확히 셀 수 없었다. 소공원에는 까치집의 재료가 될 만한 것들이 많지 않아 수백 미터 떨어진 우장산까지 가서 물어와야 한다. 이렇게 힘든 비행을 부지런히 해서 둥지를 완성하는 데 최소한 몇 주일이 소요된다고 한다. 일반적으로 까치가 둥지를 짓는 데 드는 시간은 이보다 짧을 수도 길 수도 있다. 왜냐하면 재료를 물어오는 비행 거리가 각각 다르기 때문이다.

 우장산에도 까치집이 몇 개 있다. 여러 개의 까치집을 보았지만 바람에 날려 가는 것을 보지 못했다. 폭우를 동반한 강력한 태풍이 지나가도 멀쩡하게 제자리에 있다. 참으로 놀라운 일이다. 까치는 비바람에 잘 견디는 집을 짓는 최고의 내풍내우(耐風耐雨) 건축가라 아니할 수 없다. 다만 세월이 지나며 가지가 썩어 떨어지면 둥지를 보수한다. 얼마 전에도 까치가 입에 삭정이를 물고 둥지로 날아가는 것을 목격했다. 그런 안전한 보금자리에서 알을 낳아 부화하고 새끼를 키운다. 인간 사회에서 보는 날림 공사란 아예 없다. 집주인들이 새 아파트에 입주하고 얼마 안 돼 하자가 발생하여 분쟁이 발생하는 경우를 가끔씩 본다. 돈을 빼먹기 위해 부실 공사를 한 탓이다. 심지어 건설 중에 날림 공사로 인해 일부가 무너진 아파트도 있었다. 인간은 까치의 집짓기에서 부정과 비리 없는 안전 시공을 배워야 한다.

　이들에게 배울 것은 이것뿐만이 아니다. 까치는 평생 일부일처로 가정을 지키며 새끼들을 건사한다. 까치 부부에게는 한때의 열정으로 사랑하다가 덜컥 생긴 신생아를 버리는 일부 인간의 비정과 무책임은 없다. 이들에게는 외도나 이혼도 없다. 부부 금실이 좋아 늘 가까운 거리에서 붙어다닌다. 결혼한 서너 쌍 중 한 쌍이 이혼한다는 이 시대에 까치의 평생 해로는 성찰해 볼 일이다. 까치의 부부 생활을 보면 만물의 영장이란 인간이 까치를 한낱 미물로 치부할 자격이 있을까 하는 생각이 든다. 까치는 알을 낳아 부화하고 새끼들을 부양하여 홀로 설 수 있도록 보호하고 교육시킨다. 새끼 교육의 책임감을 갖고 험한 세상에서 독립해 살아갈 수 있는 능력을 키워 준다. 새끼들이 부화하여 3, 4주 정도 지나면 부모 까치는 날갯짓을 가르쳐 날 수 있는 기초 훈련을 시킨다. 날개에 어느 정도 힘이 생기면 둥지 바로 옆에 있는 나뭇가지로 날아가 앉는 교육을 시킨다. 비행을 앞둔 예비 훈련이다. 이렇게 차츰차츰 쉬운 것부터 시작하여 고난도 훈련까지 단계적으로 학습하여 새끼들은 부모처럼 날아다닐 수 있는 능력을 배양한다. 최근에 아파트 단지 내에서 새끼에게 비행 훈련을 시키는 보기 드문 모습을 발견하고 한참이나 바라본 적이 있다.

　아파트 단지를 지나가다 보면 가끔씩 까치들을 만난다. 어떤 때는 가까운 곳에 있는 나뭇가지에 앉아서 나를 쳐다보며 도망가지도 않는다. 심지어는 비둘기처럼 몇 마리씩 모여 땅에 걸어 다니기도 한다. 예전에는 볼 수 없던 모습이다. 까치의 이런 행동은 인간이 저를 해치지 않는다는 것을 알기 때문이다. 단지 내에 사는 까치들에게 관심을 갖게 된 후부터 까치들이 저희끼리 소통하는 소리를 유심히 듣게 되었다. 까치는 여러 가지 발성으로 다양한 의사를 주고받는다.

그들이 내는 소리는 대체로 우렁차다. 아파트 단지를 쩌렁쩌렁 울린다. 소리를 들으며 그들의 목소리에 감정이 실려 있다는 것을 알게 되었다. 즐거울 때, 화났을 때, 애정을 표현할 때, 일상적 소통을 할 때 각각 소리가 다르다. 그들이 무슨 이야기를 하는지 정확히 알 수는 없지만 대략 분위기는 파악할 수 있다. 한 마리가 평탄하고 편안한 소리로 뭐라고 하면 멀지 않은 곳에서 곧 비슷한 길이와 음조의 화답이 들려온다. 이것은 가족을 부르거나 한가로운 일상에 관한 것으로 보인다. 평화로운 한때를 보내고 있는 것이다. 또 어떤 때는 이보다는 길고 높게 밝은 소리를 낸다. 상대방도 이와 비슷한 음조로 반응한다. 짐작하건대 둘 다 즐거운 노래를 부르는 것 같다. 이런 소리를 낼 때는 이들이 행복하다는 것을 알 수 있다.

까치는 무리와 사회생활을 하거나 가족들끼리 있을 때도 항상 의사소통을 한다. 이때 내는 소리는 높지도 낮지도 않고 발성이 평온한 느낌이다. 부부간의 대화도 마찬가지로 평탄한 일상의 분위기를 보여준다. 그 소리가 부드러우면 짝짓기나 구애를 하고 있을 가능성이 높다. 까치는 매우 영리하여 6세 아동의 지능을 갖고 있다고 한다. 다른 새의 소리나 심지어 인간의 소리를 흉내 내는 능력을 갖고 있다고 한다. 가령 어떤 위험한 새가 나타났을 때 그 새가 두려워하는 다른 새나 인간의 소리를 흉내 내어 자신을 보호한다고 하니 참으로 놀라운 일이다.

뿐만 아니라 까치는 잠재적인 위협을 가족들에게 전파할 때는 독특한 경계경보를 울린다. 어떤 날은 날카롭고 높은 소리를 다급하게 쏟아내며 쏜살같이 빨랫줄처럼 날아간다. 날아가는 곳에는 다른 까치가 나무에 앉아 있다가 놀라 공중으로 날아오른다. 이 까치도 날카로운 소리를 내며 대응한다. 침입자를 공격하는 까치의 소리에는 침입자에 대한 분노, 기선을 제압하려는 용맹과 살벌한 기세가 가득하다. 자기와 가족들의 영역을 한 치라도 침입자에게 허용하지 않겠다는 결연한 투지가 넘치는 소리이다. 그래도 물러가지 않으면 가족들이 합세하여 가차 없이 침입자를 퇴치해 버린다. 이 영역 다툼의 과정에서 몸싸움까지 벌어지기도 한다. 벤치에 앉아 이 광경을 숨죽이고 지켜보며 놀라움을 금치 못했다. 승자에게 환호의 박수를 쳐야 할까 아니면 패자에게 연민과 위로를 보내야 할까? 새끼들이 완전히 홀로서기를 터득하기 전까지 부모 까치는 번갈아 새끼들 주변에 머무르며 경계를 한다. 마치 병영에서 병사들이 불침번을 서듯이. 영역을 빼앗으려는 침입자나 새끼를 노리는 포식자들로부터 보호하기 위함이다. 물론 아파트에 뱀이나 새매, 수리 같은 맹금은 없지만.

도시의 아파트에 사는 까치가 경계해야 할 위험은 뱀이나 맹금류가 아니라 어쩌면 이들보다 더 무서운 것이다. 그것은 소나무 방제 소독이다. 아파트 관리사무소에서 일 년에 한두 번씩 소나무 잎마름병 방제 소독을 한다. 소독을 하기 전에 소독 계획을 방송한다. 방송 중에 5, 6층 이하 세대들은 창문을 닫아두라는 요청을 한다. 소독약을 기계로 높이 분사하기 때문이다. 소독약이 치명적이어서 까치는 오랫동안 둥지를 사용하지 못한다. 그리고 잎마름병으로 잎이 누렇게 변한 가지를 잘라내는 작업도 가끔씩 한다. 이때 크레인 차가 동원된다. 인부들이 크레인 차에 타고 병든 잎이 있는 나뭇가지를 톱으로 잘라내는데 까치집 바로 옆이다. 속으로 까치집을 다치지 않아야 할 텐데 하고 은근히 걱정이 된다. 작업하는 사람들에게 까치집을 다치지 않게 주의해 달라고 부탁하고 싶지만 주제넘은 것 같아 그만둔다. 까치 가족들이 어디에선가 이를 지켜본다면 둥지가 없어지는 것은 아닐까 하여 얼마나 노심초사할까. 또 이 둥지는 안전하지 못하다 생각하고 이사를 고려하는 것은 아닌지.

다행히 인부들은 작업을 하며 까치둥지를 다치지 않게 조심한다. 다만 옆의 가지를 잘라냈으니 겨울이면 찬바람을 더 받을 것 같다. 인간의 거주지에 함께 사는 까치들은 야생에 사는 까치들을 위협하는 뱀 같은 포식자를 걱정할 필요는 없다. 그러나 까치집이 있는 소나무를 소독하거나 병든 잎이 달린 가지들을 잘라낼 때마다 놀란 가슴을 쓸어내릴 것이다. 아니나 다를까. 소나무 소독 후 까치 가족들이 보이지 않는다. 어떻게 된 것인가? 가족들 모두 무사한지. 안전한 다른 곳으로 이사한 것인지. 무거운 삶의 짐을 안고 또 새로운 보금자리를 찾아 나선 것인가? 조석으로 선선한 가을이다. 곧 찬 바람이 쌩쌩 부는 겨울이 올 텐데. 또 수백 회의 장거리 비행을 하며 몇 주에 걸쳐 둥지를 짓느라 고된 노동을 하고 있는 것은 아닐까.

소나무 방제 소독을 하고서 몇 주가 지나서 아내가 하는 말이 옆 동에 있는 까치집 아래 인도에서 까치 배설물을 보았다고 한다. 그래서 머리에 배설물을 맞지 않기 위해 그 지역을 신속히 통과한다고 한다. 최소한 까치 한 가족은 돌아온 것이다. 아내로부터 이런 얘기를 들은 날 공교롭게도 까치 두 쌍을 아파트 단지 내에서 발견했다. 소독 후 보이지 않던 까치 세 가족이 돌아온 것으로 보인다. 그동안 어디에서 어떻게 지냈는지는 모르지만 마음이 놓였다.

까치는 외양이 우아하고 맵시가 있다. 햇빛을 받으면 빛나는 꼬리 깃털은 은은한 초록색을 띠어 매력적이다. 다른 깃털은 검은색과 흰색이 주를 이루는데 흑백의 대비를 선명하게 보여준다. 한국에 서식하는 까치는 배가 희고 등이 검은데 북미의 까치는 배가 검고 등이 희다. 모양뿐만 아니라 문화권마다 까치를 보는 시각도 다르다. 한국과 중국에서는 까치가 길조로 여겨져 희소식을 가져온다고 믿었다. 다음은 조선 시대 여류 시인 이옥봉(李玉峰)의 한시 〈규정〉(閨情)이다.

온다고 하고선 왜 이리 늦으시나
뜰 안의 매화가 벌써 지려 하는데.

문득 나뭇가지 까치 짖는 소리에

거울 잡고 헛되이 눈썹만 그렸네.

有約來何晚(유약래하만)

庭梅欲謝時(정매욕사시)

忽聞枝上鵲(홀문지상작)

虛畵鏡中眉(허화경중미)

까치 소리에 희소식을 기대했다가 오지 않은 임에 대한 실망과 아쉬움을 토로한 시이다. 그러나 일본에서는 까치가 불길한 흉조로 간주된다. 한국에서는 까마귀가 불길하다고 보는데 일본에서는 까치를 흉조로 본다. 유럽에서는 까치를 불길한 새라고 여겼지만, 기독교가 나타나기 전에는 길조였다고 한다. 아메리카 인디언들은 까치 깃털 장식을 용맹의 상징으로 보았고 일부 부족들은 창조주의 신성한 사자(使者)로 간주했다고 한다. 농촌에서 까치는 농작물과 과수에 피해를 입혀 농가에 민폐를 끼친다. 또 전신주나 송전탑에 집을 지어 정전 사고를 초래하기도 한다. 그래서 유해 조수로 지정되었다. 그런가 하면 잡식성이어서 해충을 잡아먹어 유익한 역할도 한다. 까치는 사람에게 민폐도 끼치고 동시에 도움이 되고 희소식도 가져다준다는 특별한 새이다. 이중성을 가진 모순적 존재이다.

까치는 철 따라 자리를 옮기지 아니하고 한 곳에서만 사는 텃새이다. 그래서 가까운 거리에서 그들의 모습을 관찰할 수 있다. 까치가 살아가는 모습에서 인생을 본다. 그들이 살며 겪는 것들을 보면 인생의 희로애락과 크게 다르지 않다. 치열한 경쟁 사회에서 살아가기 위해 인간은 언제나 분투해야 한다. 지금도 지구의 곳곳에서는 전쟁과 공포, 기아와 빈곤 속에 고통받는 사람들이 많다. 만만치 않은 환경 속에서 가족과 보금자리를 지키기 위해 까치도 항상 경계의 끈을 놓을 수 없다. 이런 점에서 인간과 까치의 삶은 본질적으로 같다. 폭풍우가 몰아쳐도 날려 가거나 부서지지 않는 튼튼한 집을 지어 행복한 가정을 꾸리는 까치 가장의 모습을 보면 대견스럽다. 그러면서도 여러 가지 위험과 싸우며 시련과 난관을 끝없이 헤쳐나가야 하는 무거운 책임이 있다. 작은 생명체도 생존을 위한 근원적 고(苦)에서 예외가 아니라는 데 짠한 연민을 느낀다. 어찌 까치뿐이겠는가? 개미, 참새, 다람쥐, 비둘기, 길고양이 등등 주변에서 보는 크고 작은 동물들도 마찬가지이다. 생명을 가진 모든 존재가 괴로움에서 벗어나 행복하기를.

위안부와 성노예

 '위안부' 문제를 생각할 때마다 한국인들은 누구나 굴욕과 분노가 뒤범벅된 착잡한 감정에 빠진다. 이런 쓰라린 역사의 상처에 소금을 뿌리는 것이 이들을 지칭하는 잘못된 용어이다. 지금은 드물기는 하나 일부 한국 언론 기관에서 태평양 전쟁 당시 일본 제국주의 군대에 끌려가서 성노예 생활을 강요당한 여성들을 일러 '종군 위안부'라고 부르는 경우가 있다. '일본군 성노예제 문제 해결을 위한 정의기억연대(약칭: 정의연)'는 자체 웹사이트에서 '종군 위안부'의 '종군'에는 자발성의 의미가 포함되어 있다고 밝히고 있다. 그러므로 '종군 위안부'라고 부르는 것은 성노예제를 부정하고 있는 일제의 주장에 동의하는 꼴이 된다. 그동안 부지불식간에 써왔던 '종군 위안부'라는 말이 성노예제 피해자들의 가슴에 또 하나의 무거운 돌을 얹어놓은 일은 아닌지 반성해 볼 일이다.

 요즈음에는 사용되지 않지만, 옛날에는 '위안부'를 일러 '정신대

(挺身隊)'라고 불렀다. 일제가 전쟁을 위해 강제 동원한 인력 조직을 정신대라고 했는데 그중 여성으로만 구성된 조직을 여성 정신대라고 불렀다. 이 여성 정신대가 일본군 '위안부'와 혼용되어 정신대는 오랫동안 '위안부'와 같은 의미로 쓰이게 되었다. 정신대는 원래 '떨쳐 일어나 앞장서는 부대'로서 어떤 목적을 위해 솔선해서 몸을 바치는 부대라는 말이다. 일본어 사전에도 '정신'을 '솔선해서 헌신적으로 곤란한 일에 임함'이라고 정의하고 있다. 제국주의 군대의 성노예로 끌려가 평생을 망친 피해자들과 이역만리에서 몸과 마음 모두 만신창이가 된 채 비참한 죽음을 맞이한 수많은 여성을 '떨쳐 일어나 앞장서는 부대'라고 부르는 것은 얼마나 큰 모욕인가. 일제가 만든 역사 왜곡어를 아무런 문제의식 없이 사용해 온 것이다.

 '위안부'와 관련하여 2012년 당시 힐러리 클린턴 미국 국무장관이 미국의 모든 문서와 성명에 일본이 사용하는 용어인 '위안부'를 그대로 번역한 말(comfort women)을 쓰지 말라고 지시했다. 그리고 클린턴 장관은 국무부 관리들이 보고할 때 '일본군 위안부' 대신에 '강요된 성노예(enforced sex slaves)'라는 표현을 쓸 것을 지시했다. 클린턴 장관의 이런 지시는 일본 제국주의가 저지른 범죄 행위에 대한 미국 정부의 분노와 혐오감을 표현한 것이었다. 2007년 미국 하원은 성노예 결의안을 채택하여 일본 정부가 성노예제에 책임이 있음을 분명히 밝혔다. 이것은 2차 세계 대전 당시 일본이 자행한 만행과 중대한 인권 말살 행위에 대한 일본 정부의 책임을 준엄히 물은 역사적인 사건이었다. 당시 한국 정부도 '종군 위안부'라는 표현을 사용하고 있었다. 국내 언론도 정부도 일본이 사용하는 '종군 위안부'라는 용어를 그대로 썼고 일반 국민들 사이에도 이 용어에 대한 문제의식이 아직 부족했다. 사정이 이런 가운데 미국 국무부와 의회가 일제의 반인도주의적, 반인권적 전쟁 범죄를 거론하고 그 책임을 물은 것이다. 주요 피해 당사국이면서 일제가 쓰는 용어를 그대로 쓴 한국으로서는 부끄러운 일이었다.

클린턴 장관의 지시에 관한 보도가 나온 이후 당시 외교통상부는 관련 단체 및 학계 전문가 회의를 소집하여 용어 변경 문제를 논의했으나 결론은 '성노예'를 정부의 공식 용어로 사용하는 문제는 없던 일이 되었다. 피해자들의 의견을 존중해서 내린 결론이라는 것이다. 당시 외교통상부에 따르면 한국 정부가 쓰는 공식 용어는 '일제하 일본군 위안부 피해자'이며 이것의 영어 명칭은 'sexual slavery victims drafted for the Japanese Imperial Army(일본 제국주의 군대에 동원된 성노예 피해자)'라고 했다. UN 등 국제무대에서 발언할 때 한국 대표들이 사용하는 용어는 'the so-called comfort women, the victims who were forced into military sexual slavery during the 2nd World War'인데 번역하면 '2차 세계 대전 당시 군대 성노예로 강제 동원된 피해자들인 소위 위안부'이다. 한국어로는 '위안부'를 쓰지만, 국제무대에서 영어로 표현할 때는 '성노예'를 사용한다는 입장이다. 피해자들의 감정과 충격을 고려하면서 일제가 조직적, 체계적으로 저지른 범죄 행위를 드러내기 위한 고육지책이었다. 대내적으로는 '위안부', 국제적으로는 '성노예'라고 구별해서 사용한 것이다.

정의연은 이 문제와 관련하여 외교통상부의 입장보다는 한걸음 더 진전된 입장을 보이고 있다. 정의연은 일본군 성노예제의 피해자들을 언급할 때는 범죄의 주체인 일본군을 명시하고, 일본이 사용하는 용어인 위안부를 사용할 때는 그 역사적 사실을 밝히기 위해 위안부를 따옴표 안에 넣어 일본군 '위안부'로 표기하고 있다. 영어로는 'the Japanese military sexual slavery'로 표현하여 '성노예'라는 범죄의 본질을 드러내고 있다. 지금은 한국어로도 '일본군 성노예제'라고 주로 표기하고 있고, 때에 따라 일본군 성노예제와 일본군 '위안부'를 적절히 혼용한다고 정의연은 밝히고 있다.

'정신대'니 '위안부'니 하는 것은 애초에 일본 제국주의자들의 시각을 반영한 완곡어법이다. 완곡어법을 영어에서는 유피미즘(euphemism)이라고 부른다. 이는 거칠거나 금기시되는 단어를 정중하고 거부감이 없는 단어로 대체하여 쓰는 수사적 도구로 그 어원은 고대 그리스까지 거슬러 올라간다. 영어 유피미즘(euphemism)은 그리스어 에피미즈모스(euphemismos)에서 유래한 것이다. 이 그리스어는 '상서로운 징조를 나타내는 말 또는 듣기 좋고 정중한 말을 하다'라는 뜻을 갖고 있다. 따라서 유피미즘은 불쾌하고 민감한 문제를 다룰 때 충격을 완화시키기 위해 사용하는 언어이다. 추악한 현실이나 떳떳지 못한 행위를 가리기 위해 직설적인 어법 대신에 쓰는 에두른 표현이다.

나치 독일이 수백만 명의 유대인을 학살했던 수용소는 '죽음의 캠프(death camp)'라고 하는 것보다 '집단 수용소(concentration camp)'라고 하는 것이 덜 으스스하다. 첩보 영화를 보면 '죽이다(kill)' 대신 '중립화시키다(neutralize)'라고 한다. 미군은 전쟁에서의 민간인 살상을 '부수적 피해(collateral damage)'라고 부른다. 물가를 인상하는 것을 당사자들은 '현실화'라고 부르기도 한다. 물론 인상하지 않을 수 없는 이유를 강조하며 비난을 피하려는 면피성 속내이다.

'위안부' 용어 논쟁에서 정부나 정의연이 고민한 것은 먼저 그 용어 사용이 피해자들의 상처를 덧나게 해서는 안 된다는 점이다. 피해자들의 아픔을 고려해서 상황에 맞게 사용해야 한다는 것이다. '위안부'란 용어가 갖는 함의를 모르지 않으면서 아직도 일각에서 성노예보다는 '위안부'라는 용어를 계속 사용하는 것은 이와 무관하지 않다. 그다음으로 고려한 것은 그 용어가 일제가 20세기 전반기에 저지른 범죄 행위의 진상, 즉 역사적 사실을 담아내야 한다는 것이다. 문제는 피해자들의 감정을 고려하면서 가해·피해 관계, 역사적 범죄 행위의 진상을 동시에 담아내는 용어를 찾는 것이 불가능하다는 점이다. 일제가 의도했건 의도하지 않았건 간에 '위안부'라는 말은 역사를 호도하는 용어이므로 우리의 언어생활에서 명백히 가려낼 필요가 있다. 따라서 '성노예제 피해자'를 공식 용어로 쓰면서 '위안부'는 역사적 맥락을 설명하는 보완적 용어로 쓰는 것이 합당하다고 본다. 정의연의 입장도 이런 것을 고려한 것으로 보인다.

클린턴 전 미국 국무장관이 사용을 지시한 '성노예'라는 표현은 자신이 새로이 만들어낸 용어가 아니다. 이미 학계와 외신 등에서는 오랫동안 사용해 온 용어이다. 클린턴 장관의 한 마디에 국내에서 용어 논쟁이 촉발된 것은 그동안 우리 자신의 문제이면서도 우리가 이 부분에 적극 대응하지 못했음을 반증한다. 역사적 사안을 그에 걸맞은 정확한 용어로 담아내는 것은 그 사안의 역사적 진실을 지켜내는 보증이다. '위안부'라는 용어가 공식 용어로 정착되어 오랜 세월이 지나면 그 본질은 남지 않고 완곡어법이 의도했던 왜곡된 의미만 살아남지 않는다고 누가 장담할 수 있겠는가. 그리고 성노예라는 국제적으로 통용되는 용어를 굳이 마다할 이유가 없다.

일본의 역사 왜곡 기도는 참으로 집요하다. 교과서 왜곡, 독도 영유권 주장, 야스쿠니 신사 문제와 더불어 '위안부' 문제는 매듭지어진 과거가 아니라 아직도 계속되는 현재이다. 1993년 당시 고노 요헤이 관방장관이 담화를 통해 위안소 운영에 일본군이 개입했음을 일부 인정했다. 그러나 끈질긴 우경화 분위기 속에서 이마저 뒤집어엎으려는 시도가 일본 정치권과 사회 여기저기에서 계속 불거져 나오고 있다.

이런 혐오스러운 역사 비틀기는 일본 내에만 국한된 것이 아니다. 2012년 뉴욕 주재 일본 총영사관이 미국 뉴저지(New Jersey)

주 팰리세이즈 파크(Palisades Park) 시에 건립된 '위안부' 기림비 철거를 요청했다가 거절당했다. 2015년에는 일본 극우 단체 회원이 서울의 한복판 일본대사관 앞에 설치된 일본군 '위안부' 피해자들을 기리는 '위안부 소녀상' 옆에 '다케시마는 일본 땅'이라고 적은 각목을 박는 '말뚝 테러'를 감행하기에 이르렀다. 2020년 독일 베를린시에 설치된 평화의 소녀상을 철거하기 위한 기도도 계속되고 있다. 일본군 성노예 강제 동원 죄상을 부인하는 역사 지우기 기도는 앞으로도 계속 이어질 것으로 보인다. 뿐만 아니라 일본군 성노예제 피해 당사국인 한국에서조차 '위안부'는 매춘부라고 주장하는 친일 매국노들이 준동하고 있다. 이들의 반민족적 행태는 일제의 역사 왜곡과 싸우면서 동시에 우리 내부의 식민 잔재를 청산해야 하는 과제를 제시한다.

이런 가운데 일제의 반인도주의적 국가 폭력의 희생자들은 아직도 위안부라는 멍에를 쓴 채 매주 수요일 주한 일본대사관 앞에서 시위를 벌이고 있다. 이들은 일본 정부에 대해 역사적 죄과의 인정, 사죄, 배상 그리고 올바른 역사 교육을 요구하고 있다. 1992년에 시작된 수요 시위가 2024년 현재 30년째 이어져 오고 있다. 일본군 성노예제 피해자 할머니들도 점점 줄어들어 그 수가 한 자리로 떨어졌다. 일본 정부는 아마 생존 피해 할머니들이 더 이상 이 세상에 남아 있지 않을 때면 자연 끝날 일이라고 할머니들의 요구 사항을 뭉개고 있는 것으로 보인다.

일본군 성노예로 끌려간 여성들은 일본이 패망한 후 현지에서 버려지거나 폭격으로 사망하고 일본군에 의해 살해당하기도 했다. 뿐만 아니라 살아남은 사람들도 '위안소'에서 구타와 고문, 성폭력에 시달려 평생 치유하기 힘든 신체적 고통과 심리적 후유증을 안고 피눈물 나는 긴 세월을 음지에서 살아야만 했다. 유감스럽게도 사안의 무게에 비해 성노예제의 실상에 관한 정확한 자료는 알려진 것이 거의 없다. 일제가 관련 자료를 파기했거나 공개를 거부하기 때문이다. 그럼에도 불구하고 일제가 조직적으로 성노예제인 위안소를 운영했음을 입증하는 자료가 발굴되기도 했다. 피해자의 수도 적게는 5만 명에서 많게는 20만 명까지 학계는 추정하고 있다. 사정이 이러므로 정확한 역사적 사실 파악의 필요성은 더 커진다. 잉크로 쓴 거짓이 피로 쓴 진실을 덮을 수 없다. 그런 일이 있어서는 안 된다. 정확한 용어를 정립하는 것이 역사적 진실 수호의 첫걸음이자 역사 바로 세우기의 기초일 것이다.

스마트 시대의 모순과 디지털 중도

　지하철을 타면 승객의 거의 십중팔구는 스마트폰을 사용하는 모습을 본다. 어디를 가나 스마트폰은 이제 현대인의 생활 속에 필수품이 된 지 오래되었다. 사무실이나 집에 머무르고 있을 때는 물론이고 버스를 기다리거나 이동할 때조차 사용한다. 횡단보도를 걷다 보면 스마트폰으로 문자를 보내거나 SNS를 하는 사람들을 많이 볼 수 있다. 횡단보도에서 신호가 바뀌기를 기다리는 동안에도 핸드폰을 들여다보고 신호가 바뀌지도 않았는데 자기도 모르게 차도로 들어가는 사람이 있다. 이런 사람들이 사고를 당하는 것을 예방하기 위해 횡단보도가 시작되는 곳에 붉은 전깃불이 들어오는 선을 설치해 놓은 곳이 많다. 보행자용 녹색 신호가 들어오기 전에 사람들이 붉은 선을 침범하면 위험하니 붉은 선 뒤로 물러나라는 경고음이 나온다. 가족들이 식탁에 둘러앉아 식사할 때에도 스마트폰에 몰입된 아이들이 많다. 아이들뿐만이 아니다.

2023년 한국의 스마트폰 보급률은 약 95퍼센트로 세계 1위를 차지했다. 또 한국인의 하루 평균 스마트폰 사용 시간은 5시간으로 세계 5위이다. 2022년 기준으로 스마트폰 과의존군은 23.6퍼센트로 나타났다. 이들은 스마트폰 이용의 자율적 조절 능력이 떨어진다. 과다 사용으로 인해 도파민 중독 같은 신체적, 심리적, 사회적으로 부정적인 결과를 초래함에도 불구하고 지속적으로 스마트폰을 사용한다. 사용 목적도 다양하다. 이메일, 문자, 카카오톡 등 각종 통신에서부터 정보 검색, 앱 사용, 물품 구매, 예약, 게임하기, 비디오 시청, 음악 청취 등 취미 활동, 밴드 같은 동호인 활동 등 여러 가지이다. 잠잘 때도 머리맡에 두고 잔다. 가히 스마트폰의 홍수 속에 살고 있다고 할 수 있다.

 2009년 스마트폰이 등장한 이후 이루어진 스마트 혁명은 참으로 놀랍다. 소통의 한계를 혁명적으로 돌파했음은 물론이요 증대된 생활의 효율성은 경제 가치로 환산하기 어려울 정도이다. 뿐만 아니라 정보 유통의 형태도 시차성에서 동시성으로, 독과점에서 평등으로, 국지성에서 편재성으로 변모했다. 인간의 창의적 아이디어가 바꾸어놓은 놀라운 신세계가 펼쳐진 것이다.

 그런데 이런 스마트 세상에 진지한 성찰을 요구하는 하나의 연구 결과가 주목을 끈다. 영국의 센트럴 랭카셔 대학의 샌디 맨 박사 연구팀이 인간의 창의성과 지루함의 상관관계에 관한 흥미로운 조사 결과를 영국심리학회에 발표한 적이 있다. 이 조사에 따르면 사람들이 지루할 때 오히려 창의성이 증대된다는 것이다. 연구팀은 두 차례에 걸쳐 실험을 했다. 먼저 참가자 40명에게 전화번호부를 주고 15분 동안 거기에 있는 전화번호를 그대로 다른 곳에 옮겨 쓰는 지루한 임무를 맡겼다. 실험의 결과를 비교하기 위한 통제 집단 40명에게는 전화번호를 옮겨 적는 지루한 임무를 맡기지 않았다. 1차 실험 후 참가자들 모두에게 폴리스티렌 수지 컵 한 쌍을 주고 컵 본래의 목적 이외의 다른 용도들을 고안해 보라는 임무를 부여했다. 그랬더니 전화번호를 옮겨 쓰는 임무를 수행한 집단이 통제 집단보다 폴리스티렌 수지 컵의 창의적 용도를 훨씬 더 많이 고안해냈다.

다음으로 참가자들을 정말 지루해서 죽을 지경으로 만들 때 어떤 결과가 나오는지 알아보기 위해 참가자들을 30명씩 세 집단으로 나누었다. 첫 번째는 아무런 임무를 부여하지 않은 통제 집단, 두 번째는 전화번호부를 옮겨 적는 지루한 임무를 수행해야 할 집단, 세 번째는 이보다 더 지루한 일, 즉 전화번호부에 있는 전화번호를 읽는 임무를 수행하는 집단이다. 임무가 끝난 후 이 세 집단에게 창의성을 요하는 다른 실험을 했더니 전화번호를 읽는 가장 지루한 임무를 맡은 참가자들이 가장 높은 점수를 얻었다. 이들은 1차 실험에서 전화번호를 옮겨 쓰는 임무를 맡은 집단보다 더 높은 점수를 받았다. 이 실험이 보여주는 결론은 이렇다. 보고서를 읽거나 따분한 회의에 참석하는 것 같은 수동적인 활동을 하며 느끼는 지루함이 창의성을 자극하는 '공상효과(daydreaming effect)'를 증진시킨다는 것이다. 또 지루함이 클수록 공상을 많이 하며 따라서 창의성이 증대된다는 것이다. 그 이유는 사람들이 지루한 상황에 있을 때 지루함으로부터 벗어나기 위해 새롭고 보람있는 행동을 찾기 때문이라고 한다. 마치 할 일 없는 아이가 장난감을 찾는 것과 같은 이치이다.

이런 실험이 직장에서 빈둥빈둥 노는 사람들에게 희소식을 주기 위해 의도된 것은 물론 아니다. 그러면 이 실험이 현대의 스마트 세상에 던지는 시사점은 무엇일까? 현대인들은 대부분 앉아 있거나 서 있거나 걷거나 누워 있거나 일하거나 쉬거나 간에 스마트폰과의 관계를 끊지 못하고 있다. 그들은 스마트폰이 연결한 세계에 쉼 없이 몰입하고 있다. 그 속에 따분함과 공상의 여지는 없다. 창의성은 사람들이 지루함을 느낄 때 활성화되는데 스마트폰이 열어 준 세계가 오히려 창의에 역행하는 존재가 되어버렸다. 인간의 뛰어난 창의적 아이디어가 낳은 스마트폰이 창의성에 역행하는 결과를 가져온다니 얼마나 모순된 일인가.

스마트폰 시대의 모순은 또 있다. 그것은 소통의 혁명 이면에 드리운 소통의 단절이다. 한국인터넷진흥원의 조사에 따르면 모바일 인터넷을 주로 이용하는 장소로는 '가정'(92.4%)과 '이동 중인 교통수단 안'(86.7%)이 대부분이다. 가족들이 오손도손 대화를 나누며 앉아야 할 식탁에서 소통의 부재는 두드러진다. 식탁 위에도 어느새 각자의 스마트폰이 자리하고 있지 않은가? 먼 곳과의 소통은 되나 가까운 곳과의 소통은 막히는 '원통근색(遠通近塞)'의 아이러니를 경험하는 가정이 적지 않다. 소통의 혁명과 소통의 단절을 동시에 목격하며 이것이 소통의 진전인지 소통의 제로섬인지에 대한 물음을 던지지 않을 수 없다. 외부와의 소통은 과도하게 이루어지는 가운데 내부와의 소통에는 점점 소홀해지는 불균형과 부조화 또한 스마트 시대의 그림자이다.

소통의 방향뿐만 아니라 양적인 측면에서도 불균형은 존재한다. 바깥세상에 대한 지식은 넘쳐나나 인간의 내면에 대한 성찰은 갈수록 빈약해지고 있다. 지구의 반대편 또는 대기권 밖의 우주에서 벌어지는 일들에 대해서 금방 알 수 있는 반면 나는 누구인지 성찰할 시간이 없는 물아(物我) 불균형 또한 존재한다. 창의와 반창의(反創意)의 조합, 먼 곳과 가까운 곳의 부조화, 외물과 자아의 불균형 --- 스마트 시대의 명암이자 모순이다.

많은 현대인은 자신도 모르는 사이에 스마트폰이라는 문화 중독에 빠져 있다. 그 속에서 멈추어 생각할 시간이 점점 줄어든다. 생각하기 위해 멈추지 못하는 존재는 본질적으로 불행을 안고 있다. 주의 산만과 디지털 중독증이 그것이다. 스마트폰의 부정적 효과에 자극받아 벌써 오래전에 미국에서는 스마트폰 사용 빈도와 시간을 검사해 주는 앱이 등장했다. 역설적이지만 스마트폰을 제어하기 위해 스마트폰을 사용하는 것이다. 이 앱은 시작 시간과 종료 시간 그리고 하루에 사용할 수 있는 최대한도를 설정하여 스마트폰 사용 시간을 추적 관찰하고 줄일 수 있게 도와주는 앱이다.

아무것도 하지 않고 생각을 멈추는 일이 가져오는 효과를 불교의 명상은 가르쳐 준다. 우리의 두뇌는 아무것도 하지 않을 때 참으로 중요한 일을 한다는 사실이 뇌과학 연구로도 발견되었다. 뇌에 쉼 없는 자극을 중단하고 무료하게 내버려 두면 가장 독창적인 아이디어가 떠오른다고 하는 것이 이 연구의 결론이다. 미국 세인트루이스 소재 워싱턴대학교 의과대학의 신경학자 마커스 레이클 교수는 기능성자기공명영상(fMRI) 연구를 통해 사람이 외부 세계에 집중하지 않고 뇌가 휴식을 취하고 있을 때 활동하는 영역을 발견했다. '디폴트 모드 네트워크(DMN)'라고 명명된 이 영역은 생각에 집중할 때 활동이 줄고 아무것도 하지 않고 쉴 때 활성화되는 특이한 부분이다. DMN은 과제와 무관한 내면적 자아의 성찰과 창의성을 담당한다고 한다. 반면 주의 집중을 요하는 목표 지향적 행동을 할 때는 '과제긍정적 네트워크(TPN)'라고 불리는 영역이 작동한다. DMN과 TPN은 반비례 관계에 있어 하나가 증가하면 하나가 감소한다고 한다.

스마트 기기를 통한 끊임없는 자극이 아니더라도 마음은 이미 수많은 생각에 지배되고 있다. 선가(禪家)에 심원의마(心猿意馬)라는 말이 있다. 이는 마음은 원숭이 같고 뜻은 말과 같다는 의미이다. 번뇌로 사람의 마음이 잠시도 고요하지 못하고 언제나 어지러움을 이르는 말이다. 현대 뇌과학 이론에 따르면 인간의 뇌에는 약 천억 개의 뉴런이라는 신경세포가 있다. 이 뉴런들은 시냅스라고 불리는 접합부에 의해 서로 연결되어 광대한 네트워크를 이루고 있다고 한다. 뉴런은 이 시냅스를 통해 서로 정보를 주고받는데 시냅스의 숫자는 자그마치 100조에 이를 것이라고 한다. 이 거대한 뉴런의 네트워크가 주고받는 정보의 바다에 스마트 시대의 기기들이 더 많은 자극을 쉴 새 없이 불어넣고 있으니 뇌의 디폴트 모드 네트워크(DMN)가 작동할 시간이 없다.

스마트 기기로 업무의 시간은 단축되고 공간의 제한을 극복할 수 있게 되었다. 그러나 그것을 통해 동시에 여러 가지 일을 하는 능력인 멀티태스킹(multitasking)을 하느라 직장인들은 더 바빠졌고 마음의 여유는 더 줄어들었다. 마음의 호수 위에 파도와 바람은 끝이 없다. 푸른 하늘과 흰 구름, 산과 꽃, 날아가는 새들의 모습을 담아볼 수 있을 정도로 호수는 잔잔하지 않다. 나 자신을 비춰볼 겨를도 점점 줄어든다. 스마트 시대의 효율성과 편리성은 인간의 경이적인 창의력이 성취한 승리이다. 디지털 혁명은 아마도 비행기의 발명이나 신대륙의 발견에 버금가는 사건일지 모른다. 현대인들은 이 놀라운 혁명의 수혜자이다. 그러면서도 스마트 시대의 이면에 바로 그 시대를 낳은 창의성을 위협하는 문화 중독이 도사리고 있다. 스마트 기기들에 과도하게 빠지기 전에 일시 정지 버튼을 눌러야 한다. 수많은 자극으로 가득 찬 복잡한 머리와 디스플레이를 보느라 피로한 눈에 잠시라도 휴식이 필요하기 때문이다. 이것이 달림과 쉼이 조화된 디지털 중도가 아닐까 한다.

5부

서서 자는 말

―――――
힘겨운 생존의 수레바퀴를 끝없이 돌려
나가야 하는 삶의 현실에 존재의 근원
적 비애가 묻어난다.

야누스의 명암 – 눈 맞춤

눈 맞춤을 법으로 금지하는 곳이 있다면 사람들의 반응은 어떨까. 실제로 그런 나라가 있다. 미국 미네소타주 상원법 36조 8항은 다음과 같이 규정하고 있다. 의원들이 본회의장에서 발언할 때 회의장 정면에 있는 상원 의장을 향해서 해야 한다. 이 규정은 의원들이 발언할 때 동료 의원들과 눈 맞추는 것을 금지하기 위한 것이다. 눈을 맞추지 않으면 발언자의 목소리만 듣기 때문에 감정이 격해져 서로 싸우는 것을 방지할 수 있다. 이것이 이 규정의 취지라고 한다. 미국 내 대부분의 주 의회 그리고 연방 상원에도 유사한 규칙이 있다.

민주주의가 정착되어 안정된 궤도에 오른 것으로 알려진 미국의 의회에 이런 규정이 있다는 사실이 우선 의외이다. 하지만 의회 내의 예의를 규정하는 이런 규칙의 원조는 영국이다. 영국 하원에서는 벌써 16세기 후반에 의원들의 눈 맞춤을 금지하는 규칙이 제정되었으며 캐나다의 하원에도 유사한 규정이 있다. 의회 내의 분위기가 얼마나 험악했으면 이런 것을 명문화했을까 하는 생각이 든다.

우리 국회의 모습도 예의나 품격과는 한참 거리가 멀다. 첨예하게 대립하는 이슈가 있을 때 의원들 사이의 삿대질과 고함은 기본이고 몸싸움에 육박전까지도 발생한다. 심지어 최루탄이 터지는가 하면 전기톱으로 회의장 문을 부수는 폭력 사태도 우리의 기억에 남아 있다. 이런 부끄러운 모습은 외국 언론의 해외 토픽감으로 등장한 적도 있다. 그렇지만 우리나라 국회의 윤리 규정에는 영미의 의회처럼 눈 맞춤 금지 같은 예의 및 질서 유지 규정은 없다.

사람들이 눈을 맞춘다는 것은 원래 나쁜 것은 아니다. 눈이 맞았다고 하면 두 사람의 마음이나 눈치가 서로 통했다는 뜻이다. 영어의 표현에도 눈 맞추다와 유사한 'see eye to eye'라는 것이 있다. 이는 서로의 의견이 일치한다는 뜻이다. 통상 눈을 맞추는 것은 이처럼 비언어적 소통의 효과적 수단이다. 그리고 인간의 다섯 개 감각 기관 중에 눈이 80퍼센트 이상의 외부 정보를 받아들인다고 한다. 선거철이 되면 정치인들은 이런 점에 착안하여 유권자들과의 눈 맞춤에 신경을 많이 쓴다. 따뜻한 눈 맞춤과 더불어 악수 한 번이 곧 표로 연결된다고 믿기 때문이다. 발표 잘하는 방법을 강의하는 전문 강사들이 강조하는 것이 있다. 그것은 다름 아닌 청중과의 눈 맞춤이다. 그런데 왜 유독 눈 맞춤인가? 입이 못하는 말을 눈으로 하기 때문이다. 눈은 제2의 입이다. 그래서 눈을 마음의 창이라고 한다. 눈은 보이지 않는 길, 길 없는 길을 간다. 이 길이 눈길이다. 눈길은 정해진 것이 없는 길이기에 이리도 저리도, 오른쪽으로도 왼쪽으로도 간다.

19세기 미국의 시인 랠프 월도 에머슨은 눈과 관련하여 이런 말을 남겼다. "눈은 장전된 총을 겨누는 것과 같은 위협 또는 야유나 발길질 같은 모욕이 될 수 있다. 그런가 하면 친절의 빛을 발산하여 기쁨에 넘쳐 춤추게 한다." 이 말은 눈 맞춤의 야누스적 양면성을 잘 요약하고 있다. 눈 맞춤의 양면성은 개에게도 마찬가지이다. 개가 꼬리를 반갑게 흔들며 다른 개를 바라보는 것은 우호적인 소통의 표시이다. 그러나 으르렁거리며 눈을 노려보는 것은 상대를 제압하고 공격하는 위험 신호이다. 개는 동물 중에서 인간의 가장 친한 친구로 알려져 있는데 이들 사이의 유대 관계에는 특별한 것이 있다. 일본의 한 대학이 행한 연구 결과는 흥미롭다. 인간과 개가 시선을 교환할 때 둘 다 '사랑의 호르몬'이라고 알려진 옥시토신의 분비를 경험한다고 한다. 개와 주인이 함께 30분 놀고 나서 소변 검사를 해보니 서로 오래 바라볼수록 양쪽 다 옥시토신 분비량이 많다는 것이 발견되었다. 옥시토신은 신뢰, 모성애, 애착과 관련된 호르몬이다. 어머니가 아기의 눈을 바라볼 때나 남녀가 사랑할 때 뇌에서 분비된다고 한다.

미네소타주는 '미네소타 나이스(Minnesota nice)'라는 말이 있을 정도로 시민들이 예의범절을 중시하는 주로 알려져 있다. 미네소타 나이스는 예의, 겸손, 절제, 친절, 유순한 품성을 갖추어 타인과의 충돌을 피하는 미네소타주 사람들의 행동 양식을 가리키는 표현이다. 이런 미네소타주 상원에 눈 맞춤 금지 규정이 있다는 것은 아이러니가 아닐 수 없다. 미네소타주 일부 상원 의원들이 이런 규정이 시대에 뒤떨어졌다고 보고 수년 전에 이를 폐지하는 법안을 내었으나 부결되고 말았다. 미네소타 나이스와 눈 맞춤 금지법의 공존. 이 둘의 관계는 어쩌면 로마 신화에 나오는 두 얼굴을 가진 야누스 신의 숙명과 같은 것은 아닌지 모르겠다. 사랑의 호르몬인 옥시토신을 분비하게 하는가 하면 증오와 싸움을 촉발하는 눈 맞춤. 그래서 인간은 두 개의 눈을 가지고 있는 걸까.

눈 맞춤의 양면성은 동서고금에 차이가 없다. 한자어에 백안이란 것이 있다. 화를 내며 흘겨보아 흰자만 보이는 눈을 가리키는 말로 이렇게 보는 것을 백안시한다고 한다. 반대로 친밀감을 갖고 남을 따뜻이 대하는 눈을 청안이라고 한다. 불교에서는 탐욕, 성냄, 어리석음을 깨달음에 이르는 데 장애가 되는 세 가지 독이라 하여 삼독이라 부른다. 여기서 성냄을 나타내는 한자인 진(瞋)은 '눈을 부릅뜨다'라는 의미이다. 또 가진 것이 없어도 베풀 수 있는 일곱 가지를 무재칠시라고 하는데 그중의 하나가 안시이다. 안시는 상대방을 인자한 눈빛으로 바라보아 마음을 편안하게 해주는 정서적 보시를 말한다.

미네소타주 상원의 눈 맞춤 금지 규정이 앞으로 어떻게 될지 알수는 없다. 정치와 인간에 대한 깊은 고민과 좌절감의 산물인 이 이색적인 규정. 우리나라의 국회도 이것을 수입해야 하는 걸까. 그런데 이것이 비단 정치에만 국한된 일일까? 그렇지 않다. 인생길을 걸으며 타인에게 험한 눈으로 성내고 상처를 주지 않았던 사람이 얼마나 될까. 생존 경쟁이 지배하는 각박한 삶의 현장을 보면 알 수 있다. 또 가장 가까운 사람들끼리도 가시눈을 뜨며 분노하고 상처를 주고받으며 살아가는 경우가 적지 않다. 누구나 험한 눈이 아니라 아름다운 눈을 갖고 싶어 한다. 제일 아름다운 눈은 성형외과에서 나오는 눈이 아니라 친절과 자애를 담고 있는 눈이다. 눈 맞춤 금지법. 정답은 아는데 풀지는 못하는 모순의 문제로 계속 남아 있을까?

서서 자는 말

　서울의 지하철을 타다 보면 스크린도어나 역사 벽에 국내외 시인의 시가 쓰여 있는 것을 본다. 유명 시인들의 시도 가끔 보이나 대체로 무명 아마추어 시민 시인들이 쓴 시를 많이 보게 된다. 일정 기간이 지나면 다른 시들로 교체하는 것 같다. 외국의 지하철을 많이 타본 것은 아니지만 필자가 가본 도시의 지하철에서 시를 써놓은 것을 보지 못했다. 뉴욕, 워싱턴, 런던의 지하철도 마찬가지이다. 이것만 가지고 평가하면 우리나라 사람들의 문화 수준이 영국이나 미국보다 높다는 생각이 들었다. 어쨌든 전동차를 기다리는 짧은 시간 동안 시 한 수를 읽고 목적지까지 가며 사색에 잠겨보는 시간을 갖게 된다. 필자는 중년에 들어선 후 시집이나 소설 등 문학작품을 사서 읽어본 적이 거의 없다. 그렇다고 그전에 많이 읽은 것도 아니다. 지하철공사의 아이디어가 좋다는 생각이 든다. 시집 한 권 사 보지 않는 나 같은 사람에게도 감상의 기회를 주니 말이다.

정진규의 〈서서 자는 말〉이란 시를 처음 본 것도 오래전 지하철 영등포 시장역에서였다. 그 이전에는 정진규의 이름 석 자도 그의 작품 하나도 몰랐다. 이 시가 필자의 발길을 멈추게 한 것은 그 속에 든 소시민의 슬픈 자화상 때문이었다.

내 아들은 유도를 배우고 있다/ 이태 동안 넘어지는 것만/ 배웠다고 했다/ 낙법만 배웠다고 했다/ 넘어지는 것을 배우다니!/ 네가 넘어지는 것을/ 배우는 이태 동안/ 나는 넘어지지 않으려고/ 기를 쓰고 살았다/ 한 번 넘어지면 그뿐/ 일어설 수 없다고/ 세상이 가르쳐 주었기 때문이다/ 잠들어도 눕지 못했다/ 나는 서서 자는 말…

말은 서서 자기도 하고 누워서도 자는 동물이다. 누워서 잘 때는 무리 중 다른 말이 깨어 있거나 선잠을 자는 상태로 서서 망을 본다고 한다. 그래서 말은 혼자 있을 때보다 여럿이 함께 있을 때 안심하고 잘 수 있다고 알려져 있다. 말은 '스테이 근골(stay apparatus)'이라는 특수 콜라겐 인대를 가지고 있어 잠을 자면서도 무릎이 굽혀지거나 넘어지지 않는다고 한다. 서 있을 때 관절의 양쪽을 감싸고 있는 근육이 섬세하게 수축과 이완 동작을 반복하여 다리의 균형을 잡아준다. 수축과 이완 동작을 반복하다 보면 근육에 상당한 무리가 가기 때문에 근육에는 심유 성분이 높다고 한다. 야생에서 초식동물로 태어난 말이 포식자로부터 자신을 보호하기 위해 부여받은 신체의 방어 장치이다.

한국경제인협회가 발표한 조사에 따르면 2023년 현재 중장년 구직자의 주된 직장 퇴직 연령은 평균 50.5세였다. 근속 기간은 평균 14년 5개월이며 50세 이전에 퇴직하는 비율은 45.9%로 거의 절반에 달했다. 퇴직 사유로 정년퇴직의 비율은 9.7%에 그쳤으며, 권고사직, 명예퇴직, 정리 해고 등 비자발적 퇴직이 56.5%를 차지했다. 정년퇴직을 하는 노동자는 10명 중 한 명도 못 되는 현실이다. 다른 조사에 의하면 '스스로 퇴직하고 싶은 나이'는 평균 60세로 법정 정년과 동일했다. 반면 '실제 퇴직할 것으로 예상하는 나이'는 평균 53.1세였다. 두 조사 모두 노동자들이 회사에서 정년까지 버티기가 얼마나 어려운지 보여준다. 적자생존의 치열한 경쟁이 지배하는 인간 사회는 맹수가 들끓는 가운데서 생존을 도모해야 하는 말이 처한 야생과 본질적으로 같다. 정진규가 시에서 말한 한번 넘어지면 일어설 수 없다고 세상이 가르쳐 준 것은 바로 이러한 인식에 다름 아니다.

말은 예부터 노동과 교통수단으로 또 전쟁터에서는 필수품으로 활용되어 왔다. 현대에는 승마에 이용되고 있는 친숙한 동물이다. 고대에 말은 제왕의 상징이었다. 신라의 시조 박혁거세가 말이 전해 준 알에서 태어났으며 고구려를 건국한 시조인 동명성왕 고주몽이 기린마를 타고 승천했다고 전해 온다. 고려 시대 말의 문신 이색(李穡)은 자신의 시 〈부벽루浮碧樓〉에서 "기린마는 가서 돌아오지 않으니 천손은 어디에 노니는가(麟馬去不返 天孫何處遊 인마거불반 천손하처유)"라고 회고하고 있다. 인마는 기린마(騏麟馬)로 곧 하늘을 나는 천마(天馬)였다.

   그리스 신화와 서양 문학에도 천마는 등장한다. 그리스 신화에 나오는 날개 달린 천마는 페가수스이다. 제우스의 명을 받들어 천둥과 번개를 나르는 백마로 지혜와 명예의 상징이며 시인에겐 영감의 원천이었다. 신화에 따르면 페가수스는 페르세우스가 괴물 메두사의 목을 자를 때 떨어지는 핏방울에서 생겼다고 한다. 영웅 벨레로폰이 괴물 키마이라를 퇴치할 때 애마로 활약했다고도 전해온다. 그 뒤 올림포스산에 있는 제우스의 마구간에서 살다가 하늘에 올라가 페가수스 별자리가 되었다 한다. 이렇듯 말은 서양에도 신이나 영웅과 같은 반열에 있었으며 하늘의 별자리로 숭앙받는 웅대하고 고귀한 존재로 그려져 있다. 말하자면 신마(神馬)이자 영마(靈馬)이다. 페가수스가 하늘로 올라가 별자리가 되었다는 이야기는 동명성왕의 기린마가 승천했다는 것과 똑같다. 신화의 세계에서 동서양의 상상력이 묘하게 일치한다.

   불교 경전에는 말이 세간과 출세간 즉 차안과 피안을 잇는 가교 역할을 하는 것으로 나와 있다. 부처가 싯다르타 왕세자 시절 승마에 탁월한 재능을 가졌는데 당시 탔던 애마가 칸타카이다. 싯다르타 왕자가 왕위와 세상의 모든 부귀영화를 버리고 생로병사의 고해를 초월하는 깨달음을 얻으려는 서원을 세우고 출가할 때 칸타카는 한밤중에 그를 싣고 카필라성을 떠난다. 이것이 유성출가(踰城出家)이다. 경전에 나오는 칸타카와 싯다르타 왕자의 이별은 가슴 뭉클하다. 모두가 잠든 궁전을 뒤로하고 칸타카에 올라 마부 찬나와 함께 카필라성을 빠져나와 아노마 강변에 이르러 이별한다. 칸타카는 왕자와의 이별 후 슬픔을 못 이겨 시름시름 앓다가 죽고 만다. 경전에 따르면 칸타카는 당시 인도 카스트제도에서 가장 높은 성직자 계급인 브라만으로 환생해 부처의 법문을 듣게 되고 마침내 깨달음을 얻었다고 한다. 우리는 칸타카와 부처의 유성출가 이야기에서 무명에서 해탈로 가는 위대한 여정에 기여한 공덕과 그에 대한 과보를 본다. 그리고 아울러 보잘것없다고 생각하는 동물을 포함한 일체중생에 대한 부처의 무량한 자비심을 읽을 수 있다.

신화에 등장하는 말은 제왕의 상징이거나 하늘을 나는 천마이다. 또 신이나 영웅과 함께 살며, 하늘의 별자리로 묘사되어 있다. 싯다르타 태자가 출가할 때는 구도의 첫 여정을 함께하는 동반자 역할을 한다. 그러나 정진규의 시에 등장하는 말은 제왕이나 신들 가운데 사는 고귀한 존재가 아니다. 팍팍한 삶의 현실에서 생존을 위해 끊임없이 분투해야 하는 가장의 상징으로 나타난다. 그의 시 〈서서 자는 말〉은 이렇게 마무리된다.

아들아, 아들아, 부끄럽구나/ 흐르는 물은/ 벼랑에서도 뛰어내린다/ 밤마다 꿈을 꾸지만/ 애비는 서서 자는 말

영어 단어에 랫레이스(rat race)라는 것이 있다. 실험실의 미로나 쳇바퀴를 돌리는 쥐들의 경주를 일컫는데 권력과 돈을 차지하기 위한 무한 경쟁을 가리키는 말로 쓴다. 끝없이 이어지지만 패배할

수밖에 없는 무의미한 경쟁이다. 아버지는 신자유주의가 지배하는 치열한 경쟁의 세계에서 해방과 자유를 꿈꾸기도 한다. 그러나 아버지는 그런 꿈을 그저 꾸기만 할 뿐 실행에 옮기지 못한다. 작은 물길이 인도할 그 해방과 자유의 바다에 도달하자면 대가가 따른다. 그곳은 벼랑 끝에서 아래로 떨어지는 물처럼 단숨에 자신을 던져야 갈 수 있는 곳이다. 시인은 밤마다 꿈을 꾼다고 했다. 꿈에 보는 것은 무엇일까? 무한 경쟁의 전장에서 기를 쓰고 아등바등 살아가는 삶을 과감히 떨쳐버리고 인생에서 진정 추구하고 싶은 것을 현실화시키는 것일 게다.

싯다르타 태자는 왕위와 세상의 모든 영화를 버리고 영웅적 도전을 통해 위없는 깨달음을 성취했다. 태자가 밟았던 길의 시작은 벼랑에서 뛰어내린 것이다. 그러나 소시민이 세상에 태어나서 세상을 초월하는 것은 거의 불가능한 일이다. 한 가정의 가장으로서의 책임이 밤마다 꾸는 그의 꿈을 깨우기 때문이다. 여기에 서서 자는 말의 딜레마가 있다. 올해가 말의 해이다. 말의 해도 12간지 동물의 순서에 따라 12년마다 돌아온다. 말의 해가 오면 언론은 신년 초부터 말이 가진 장점과 미덕을 얘기하며 복된 한 해가 되길 기원한다. 덕담은 좋다. 그러나 서서 자는 말이 범부들의 고단한 삶의 실존인 이상 굳이 금년만을 말의 해라 할 수 있을까? 해마다 말의 해가 아니라고 말할 수 있는 사람이 얼마나 될까? 힘겨운 생존의 수레바퀴를 끝없이 돌려나가야 하는 삶의 현실에 존재의 근원적 비애가 묻어난다.

족식, 족병, 민신

우리나라의 속담에 "쥐 먹을 것은 없어도 도둑맞을 것은 있다"라는 것이 있다. 이는 아무리 가난한 집이라도 도둑맞을 물건은 있다는 말이다. 유사한 속담으로 이런 것들도 있다. "동생 줄 것은 없어도 도둑 줄 것은 있다." "벗 줄 것은 없어도 도둑 줄 것은 있다." 모두 하찮은 물건이라도 도둑이 집어갈 것은 있기 마련이라는 말이다. 아무리 없는 사람도 무엇인가 쓸 만한 것은 다 가지고 있음을 비유적으로 이르는 말이다. 영어에도 비슷한 말이 있다. "도둑이 지켜야 할 제일 원칙: 아무리 하찮은 물건이라도 외면하지 않는다.(The number one rule of thiefs is that nothing is too small to steal.)"

도둑질의 대상도 다양하며 목적도 여러 가지이다. 소도(小盜)도 있고 대도(大盜)도 있다. 도둑질의 표적과 목적은 사회의 경제 상황을 반영한다. 도로 표지판, 주택의 문짝이나 철문을 떼 가는 좀도둑이 있는가 하면 집의 주춧돌에서부터 묘지의 석물까지 훔쳐 가는 특이한 도둑들도 있다. 이들은 대체로 소도둑이며 생계형인 경우가 많다. 19세기 서세동점(西勢東漸) 시기에는 서양의 제국주의 세력이 아시아에 식민지를 건설하며 식민지에서 왕릉이나 고분, 고관대작의 무덤을 파헤치는 일이 많았다. 또 전쟁에서 이긴 나라가 패전국의 왕릉이나 주요 고분들을 파내 귀중한 부장품들을 강탈하는 만행을 저지르기도 했다. 이들은 대도로 생계와 무관한 기업형 약탈자들이다. 털이의 표적으로 산 사람이나 죽은 사람을 가리지 않는데 이는 동서양이 마찬가지이다.

소도라 해서 물질적, 정신적 피해가 적은 것이 아니다. 미국 뉴욕주에서는 2007년 공동묘지 묘비 동판 도둑의 극성으로 관계 당국이 골머리를 앓은 적이 있었다. 뉴욕주의 여러 공동묘지에서 발생한 절도 사건으로 망자들이 여기저기서 수난을 당했다. 카유가(Cayuga)는 인구 약 5백 남짓한 뉴욕주 카유가 카운티(County)에 위치한 소읍이다. 이 한적한 시골 읍에 위치한 레이크뷰(Lake View) 공동묘지 등에서 2007년 한 해에 수십 건의 동판 묘비 털이 사건이 발생했다. 비문을 적은 동판과 놋쇠로 만든 깃발꽂이 병이 수십 개씩 수난을 당했는데 카유가 카운티뿐만 아니라 뉴욕주의 다른 지역 및 펜실베이니아주에서도 유사한 사건이 발생하였다. 3인조 묘비 동판 털이 일당이 검거되었는데 이들은 카유가, 세네카(Seneca), 웨인(Wayne) 등 세 개 카운티의 8개 공동묘지에서 20여 개의 동판, 깃발꽂이 놋쇠 병을 훔쳤다. 이들은 동판의 비문을 그

라인더로 지우고 작은 크기로 잘라 내다팔았다.

이 지역은 미국에서도 애국심이 유달리 강한 지역인 데다 피해 묘지가 주로 참전 용사들의 것이어서 유족들과 참전 용사들의 충격과 분노가 특히 컸다고 보도됐다. 피해자들 중에는 한국전쟁에 참전한 사람들의 묘비도 있었던 것으로 알려졌다. 이들이 공동묘지의 묘비 동판과 황동 깃발꽂이 병을 노린 것은 구리 가격이 높아졌기 때문이라고 한다. 2008 미국 서브프라임 모기지 사태로 인한 세계적 경제 위기 당시 미시간주 플린트(Flint)시에서는 맨홀 뚜껑과 쇠로 된 하수도 격자 덮개를 수백 개나 도둑맞았다. 맨홀 뚜껑은 고철로 개당 20달러에 팔려나갔는데 새로 설치하는데 개당 200달러가 소요됐다고 한다. 비용도 비용이지만 도둑맞은 맨홀 뚜껑으로 시민들의 안전에 위협이 되었다.

묘지의 묘비, 석물뿐만 아니라 왕릉 속의 부장품을 훔쳐 가는 전문 도굴 행위는 동서양을 가리지 않고 발생해 왔는데 그 역사가 오래되었다. 이는 묘지 속의 값비싼 부장품을 훔쳐 한몫 잡기 위한 전문적인 묘지 도굴꾼이다. 20세기 초에 중국의 군벌 손전영(孫殿英)이 청나라 서태후의 묘를 파헤쳐 망자의 입에 물려 있던 '야명주'라는 보배 구슬을 약탈해가는 사태도 있었다. 이 도굴은 자금을 조달하기 위해 저지른 도굴이라고 알려져 있다. 이런 점에서 이 도굴범은 대도라고 할 수 있다. 도굴을 막기 위해 왕릉을 조성할 때 여러 가지 방책을 써놓았지만, 무용지물이 된 경우도 많았다.

조선 시대에는 전담 관리를 두어 왕릉 등 왕실의 무덤을 보호하고 관리했다. 이 관리의 품계는 종9품으로 능참봉이라 불렸다. 왕릉은 재임 중인 왕의 조상이니만큼 관리도 매우 엄격했다. 왕릉이 소재한 군에서 왕릉을 관리하기 위해 경비 군졸과 관련 업무를 수행하는 인력을 파견하여 능참봉의 지휘하에 두었다. 능참봉의 품계는 제일 낮은 미관말직이나 그 임무는 막중하였다. 왕릉 수호, 도굴 방지, 유지 보수가 주 임무였다. 더불어 왕릉의 주인인 선왕의 제사를 준비하고 왕이 능행을 할 때 영접도 했다. 그리고 인근 백성들이 능역에서 벌목이나 사냥을 못 하게 하는 것도 능참봉의 소임이었다. 주민들이 능 주변에서 벌목을 하다 잡히면 엄한 벌로 다스렸다. 취사와 난방을 위한 땔감을 구하기 위해 나무를 하는 것이 당시에는 큰일이었다. 문제는 눈이 많이 오는 겨울이다. 눈이 쌓인 한겨울에는 나무하러 멀리까지 갈 수 없으므로 가까운 왕릉 주변에서 위험을 무릅쓰고 나무를 하는 경우가 있다. 나무를 하다가 잡히면 몇 년 동안 유배형에 처해지게 된다. 이들은 생계형 도둑이다.

 탈북자들의 얘기를 들어보면 북한은 아직도 많은 지역에서 취사와 난방을 위해 나무를 쓴다고 한다. 심지어 아파트에서도 솥을 걸어놓고 장작불을 피워 밥을 하는 부엌이 있는 곳이 많다고 한다. 사정이 이러니 산에 가서 나무를 해야 하고 그래서 산은 나무 없는 민둥산이 된다. 탈북자들이 한국에 처음 들어와 놀라는 것들이 많은데 그중 하나가 산에 빽빽이 숲을 이룬 나무라고 한다. 필자가 어렸을 때 한국에도 민둥산이 많았다. 땔감으로 나무를 사용하던 시절이었기 때문이다. 지금은 산에 숲이 우거져 들어가기도 힘들 정도이다. 당시 유럽 선진국들의 숲이 우거진 산을 보고 많이 부러워했던 기억이 난다.

북한은 남한보다 날씨가 더 추운 곳이라 땔감을 구하는 것이 큰일이라고 한다. 게다가 민둥산이니 땔감을 얻는 것이 어렵다고 한다. 2024년에 나온 한 북한 전문 언론사의 보도를 보면 북한에서 땔감 구하기가 얼마나 힘든지 알 수 있다. 양강도 혜산 시에서 땔감이 없는 주민들이 이웃집 변소 문짝까지 몰래 뜯어가는 상상도 못 할 일이 벌어지고 있었던 것으로 전해졌다. 영하 20도 추위에 땔감이 없는 주민들은 얼어 죽지 않으려면 도둑질을 해야만 한다고 한다. 많은 주민이 생활고에 땔감을 살 형편이 안 돼 하루에 한 번 겨우 불을 때고 있는 것으로 알려졌다. 도둑질에 나선 주민들은 불을 땔 수 있는 것이라면 닥치는 대로 훔친다고 보도됐다. 판자로 된 남의 집 대문이나 변소 문짝을 뜯다가 발각돼 달아나거나 붙잡혀 죽도록 얻어맞는 사례도 속출하고 있다고 한다. 도둑질에 나서야만 생존할 수 있는 세상이 됐는데도 정부가 별다른 대책을 내놓지 않아 주민들의 한숨만 깊어가고 있다고 한다. 얼어 죽지 않기 위해 도둑질을 해야만 한다니 안타까운 일이다.

한국에 정착한 탈북자들의 말을 들어보면 변소 문짝 도둑과는 비교할 수 없는 생계형 절도 행위가 발생한다고 한다. 그것은 묘지 앞에 박아두는 비목(碑木)을 뽑아가는 절도 행위이다. 북한의 난방 사정이 얼마나 열악한지 보여주는 상상하기 힘든 사례이다. 묘를 쓸 때 이런 경우에 대비하여 비목을 세워둔 곳 밑에 묘지의 주인에 관한 정보를 담은 종이를 소주병에 넣어 밀폐한 후 묻어둔다고 한다. 그래야 나중에 조상의 묘를 잃어버리는 일을 당하지 않기 때문이라고 한다. 북한의 경제 사정이 어떤 수준인지를 보여주는 사례의 하나이다. 북한에서는 자전거 한 대 갖고 있으면 부자라고 한다. 잠시 한눈팔면 그 자전거가 없어진다고 한다. 한국의 아파트에 먼지를 뽀얗게 덮어쓰고 방치되어 있는 수많은 자전거를 보고 탈북자들이 놀랐다고 한다. 북한은 도둑질이 생활 방편이 된 나라가 되었다고 한다. 국가가 국민을 도둑으로 만드는 지경에 이른 것이다.

1994년 시작된 고난의 행군 당시 수백만 명이 굶어 죽은 것으로 알려졌다. 지금도 식량 사정이 불안하여 1990년대 중반처럼 대량 아사 사태가 또 발생하는 것이 아닌가 하는 관측도 나오고 있다. 이처럼 절박한 기아의 현실에도 북한은 핵무기 카드를 가지고 한국, 미국과 위험한 생존 게임을 계속하고 있다. 미국의 강경파들이 북한 핵시설 폭격론을 들고나올 때마다 가슴이 조마조마하다. 자라나는 아이들을 보면 더욱 불안해진다.

자공이 공자에게 정치의 선후를 물었을 때 공자는 첫째 족식(足食), 둘째 족병(足兵), 셋째 민신(民信)이라고 했다. 논어에 있는 말이다. 국가 경영의 요체는 국민이 먹을 것을 걱정하지 않는 것, 튼튼한 국방력 그리고 정부에 대한 국민의 신뢰라는 것이다. 불가피할 경우 이 중에 가장 먼저 버릴 것이 무엇이냐고 물었을 때 공자는 첫째가 족병이며 그다음이 족식이라고 했다. 민신은 버릴 수 없다고 했다. 백성들의 정부에 대한 믿음이 없으면 설 수 없기 때문이라고 했다. 국민에게 세 끼 밥을 제공하지 못할 뿐만 아니라 국민을 도둑으로 내모는 정권이 어떻게 나라를 지킬 수 있을까. 3만5천 명에 달하는 탈북자들 대부분이 배가 고파 목숨을 걸고 탈출했다고 하니 공자의 말이 현대에도 여전히 유효함을 알 수 있다.

김정은도 핵무기를 가지고 미국과 상대하여 이길 수 없다는 것을 모를 바보는 아닐 것이다. 미국과 대적하여 옥쇄하자는 것이 아니라면 북한이 주장하는 핵 억지력의 과녁은 무엇인가. 김씨 왕조를 영원히 유지하기 위한 내부용이 첫째 과녁으로 보인다. 또 지금까지 이룩한 것을 한순간에 무너뜨릴 또 다른 전쟁은 어떻게든 막아야 한다는 남쪽의 평화 의지일 것이다. 5천만 남한 동포를 볼모로 잡고 미국과 무모한 핵 게임을 벌이고 있다. 국가 경영의 요체는 족병, 족식, 민신이라고 하지 않았는가. 밥이 하늘이란 말이 있다. 밥 없이 국민 없고 국민 없이 나라 없다. 족식이 곧 안보인데 북한은 거꾸로 가고 있다. 저들의 위험한 역주행이 언제까지 계속될지 알 수는 없다. 역주행의 끝이 연착륙이 되길 바랄 따름이다.

독감

　독감의 계절이 다가오고 있다. 우리나라에서 2011년부터 2020년까지 10년 동안 보고된 독감 사망자 수는 약 2천백여 명이다. 그러니까 연간 2백여 명 정도이다. 미국의 질병통제예방센터(CDC) 통계에 따르면 매년 약 3만6천 명이 독감으로 사망하며 독감과 폐렴이 미국에서 일곱 번째 사망 원인이라고 한다. 이 통계는 한국과 미국 모두 폐렴 등 합병증에 의한 사망자를 제외한 순수 독감에 의한 사망자 숫자이다. 통계에 따르면 미국에서는 2010년에서 2023년 사이에 매년 930만 명에서 4,100만 명이 독감에 걸렸고 10만 명에서 71만 명이 입원 치료를 받았으며 4,900명에서 5만 천 명이 사망했다. 2022년과 2023년 사이 독감으로 병원 치료를 받은 사람은 1,400만 명으로 나타났다. 미국인 중 3퍼센트에서 11퍼센트가 매년 독감에 걸린다고 한다. 사망자의 경우 적은 해는 1만2천 명, 많은 해는 6만1천 명에 이른다고 한다. 2021년 기준으로 한국의 인구가 5천2백만이 채 못 되고 미국의 인구가 약 3억3천만이니 미국의 인구가 한국 인구의 6.3배이다. 그런데 독감으로 인한 연간 사망자 수는 한국이 2백여 명이고 미국이 3만6천 명이니 미국이 한국보다 무려 180배에 달한다. 그러니 미국인들이 독감에 대해 느끼는 체감 공포는 한국인에 비해 매우 높다.

2004년 겨울에 있었던 일이다. 그해 2월 워싱턴에서 공무상 체류를 마치고 뉴욕을 방문했다. 필자가 번역한 책 《영어뉴스 사례연구》의 저자를 만나기 위해 맨해튼에 있는 그의 아파트를 찾아간 적이 있다. 한국인들에게 줄리아드 음대라고 알려진 줄리아드 스쿨(Juilliard School)이 바로 아래에 내려다보이는 70여 층 되는 초고층 아파트였다. 승강기에서 내려 아파트로 들어갔는데 들어가자마자 황당한 경험을 하였다. 반가운 마음에 악수를 하려고 내민 손이 부끄럽게 거절당했는데 이유인즉 독감에 걸릴지 몰라 조심하고 있는 중이라는 것이었다.

수인사를 하고 난 후 소파에 앉자 그가 무엇을 좀 마시겠느냐고 물으며 이내 주방으로 안내하였다. 그다음부터는 그가 시키는 대로 여기저기에서 수납장 문을 열고 유리컵을 꺼내고 커피를 찾고 위스키병을 따고 냉장고에서 얼음을 꺼내 위스키 잔에 넣었다. 또 그가 가리키는 다른 장소에서 마른안주와 다과를 찾아 접시에 얹어 가지고 나와 테이블에 갖다 놓았다. 음료수도 내가 직접 따라서 마시고 나중에 싱크대에 접시 등 모든 것들을 갖다 넣었다. 주객이 전도된 이 일을 되돌아보면서 그의 행동이 이해하기 힘들었다. 아무리 독감이 겁나기로서니 자신의 저서를 번역한 역자가 지구 반대편에서 찾아왔는데 손님을 위한 대접치고는 예의가 아니라는 생각이 들었다. 그의 집을 방문하면서 설레는 마음도 있었고 따뜻한 환영도 기대했었는데 내심 서운한 생각도 없지 않았다.

모두에서 열거한 CDC의 통계와 저자와의 만남 중 있었던 일을 보면 미국인들의 독감에 대한 두려움을 어느 정도 짐작할 수 있다. 좀 오래전 이야기이지만 독감에 대한 미국인들의 민감한 반응을 보여주는 사례는 많다. 정치인들에게 있어 유권자들과의 악수는 매우 중요한 일이다. 그것이 표와 직결되기 때문이다. 그러므로 유권자들과 악수를 하지 못하는 상황은 매우 곤혹스럽다. 어떤 정치인은 악수를 거절하면서 '독감 예방 요령'을 담은 팸플릿을 나누어 주는 것으로 인사를 대신하여 화제가 되었다. 그런가 하면 악수를 대신할 여러 가지 대체 인사법이 제시되기도 했다. 고개 숙여 절하기, 경례하기, 손 흔들기, 등 두드리기, 무릎을 굽혀 한 발을 뒤로 내면서 인사하기 등등. 심지어 악수를 금지하는 조례를 제정한 도시들도 등장했다. 오랜 세월 동안 문명사회의 예의범절로 자리 잡은 악수가 겨울에는 병균을 옮길 수 있는 기피 풍속으로 변모해가고 있다. 악수는 애초에 손에 무기가 없다는 것을 보여주는 증거로 나타났다고 한다. 그런 악수가 이제는 독감 바이러스라는 보이지 않는 '무기'를 옮기는 매개체로 변해 버렸다.

미국의 한 의학 전문 학술지에 따르면 주먹 맞대기가 악수보다 세균 전염을 20분의 1로 감소시킨다고 한다. 하이파이브(high five)

는 악수보다 세균 전염 가능성이 절반 정도에 그치는 것으로 조사됐다. 주먹 맞대기가 세균 감염을 낮추는 이유는 악수나 다른 인사 방법에 비해 피부 접촉면이 매우 적기 때문이라고 한다. 주먹 맞대기 방법은 코로나바이러스 감염증이 세계를 휩쓸 때 많이 사용되던 방법이기도 하다. 위의 학술지 조사에서 내놓은 위생 권고안 중에 눈길을 끄는 것이 있다. 그것은 병원 등 의료기관에서는 악수를 해서는 안 된다는 것이다. CDC의 통계를 보면 병원에 입원한 환자 100명 중 4명꼴로 의료 종사자들의 손을 통해 옮겨진 세균에 감염되고 있다고 한다. 그리고 이로 인해 해마다 7만5천 명이 숨진다니 놀라운 일이다.

미생물학자들에 따르면 감기 및 독감 바이러스는 끈질긴 놈이어서 사람 손에는 두 시간, 문손잡이, 컴퓨터 키보드 등 딱딱하고 건조한 표면에서는 20분 정도 살아남는다고 한다. 따라서 재채기할 때 손으로 입을 가렸던 사람과 두 시간 이내에 악수하거나 그 사람이 만진 문의 손잡이를 잡은 손으로 눈, 코, 입을 만지면 감기나 독감에 걸리기 십상이다.

미국 미생물학회에서 실시한 연구 조사에 의하면 화장실 이용자의 3분의 1이 손을 씻지 않고 화장실을 나선다고 한다. 남자는 75퍼센트가 손을 씻는 반면 여자의 경우 90퍼센트가 손을 씻어서 여자가 남자보다 위생 관념이 앞서는 것으로 나타났다. 이 연구 결과는 잠시 손을 씻고 화장실을 나오는 것이 전염병 예방 및 건강 유지의 가장 손쉬운 방법이란 것을 환기시켜 주었다. 일상생활 공간에서 간접적이긴 하지만 타인과의 접촉이 가장 많이 이루어지는 곳이 화장실이라는 사실을 우리는 잘 모르고 지낸다. 그리고 수많은 사람이 만지고 지나간 화장실 문손잡이에 어떤 병균이 남아 있는지 알 수 없다. 화장실 문손잡이뿐만이 아니다. 사람들이 많이 사용하는 버스, 지하철 등 대중교통 수단의 손잡이, 헬스클럽에 있는 운동 기구들도 마찬가지이다.

한국의 질병관리청에 따르면 세 시간 정도만 손을 씻지 않아도 손에 약 26만 마리의 세균이 살게 된다. 따라서 손만 제대로 청결하게 유지해도 접촉성 감염병을 약 50에서 70퍼센트 예방할 수 있다고 한다. 특히 비누를 사용해 손의 구석구석까지 씻어야 감염 위험이 크게 줄어든다고 한다. 그러나 우리나라 국민은 손 씻기에 소홀한 편이다. 보건당국의 조사에 의하면 공중화장실에서 용변 후 손을 씻는 사람의 비율은 73퍼센트로 나타났다. 그중 비누로 씻는 사람은 불과 33퍼센트에 불과했다.

미국의 독감 발병률과 사망자 수만 봐도 미국인들이 갖는 독감 공포증(flu phobia)을 이해할 만하다. 뉴욕의 저자 집을 방문했을 때 느꼈던 황당했던 감정도 지금 생각해 보니 미국인들의 독감 공포증을 이해하지 못한 데서 연유한 것일 수 있다는 생각이 든다. 저자와의 만남 이후 중증 급성 호흡기 증후군(사스), 신종 플루, 중동 호흡기 증후군(메르스), 코로나바이러스 감염증-19 등 크고 작은 전염병을 겪게 되었다. 그 과정에서 저자의 집에서 느꼈던 서운한 감정도 어느 정도 희석되었다. 감염병에 대응하는 문화적 차이를 이해하게 된 때문이다. 그가 악수를 사양한 것은 자신만을 보호하기 위한 이기적인 행동은 아니었을 것이란 짐작도 해본다. 내가 실례라고 보았던 그의 행동은 어쩌면 손님인 나도 보호하는 것이었을 수 있다. 실제로 그가 손님을 보호하기 위해 그렇게 행동했는지 알 수는 없다. 어쨌든 그 당시에는 몰랐지만 그날의 경험은 뒷날 찾아올 코로나바이러스 감염증-19에 대처하는 행동 요령의 선행 학습이었는지도 모르겠다.

그 후 몇 년이 지나 그를 서울에서 만났는데 그때는 악수를 했다. 독감 철도 아니고 전염병 상황도 아니었기 때문이다. 그러나 그때는 만나서 악수하고 식사하고 차 마시는 평범한 일상이 얼마나 소중한 것인지 실감하지 못했다. 평범한 일상의 소중함은 코로나바이러스 감염증-19가 세계를 강타한 후에야 얻은 뒤늦은 발견이었다. 평소에 위생 관리를 철저히 해서 다시는 이런 대재앙이 발생하지 않도록 해야 한다는 것을 모두가 절감했을 것이다.

어떤 감염병 전문가들은 앞으로 코로나-19보다 더 강한 전염병이 올 가능성이 있다는 경고를 하고 있다. 새로운 전염병이 오더라도 코로나에 크게 덴 터라 세계 각국의 반응도 다를 것이다. 그러나 사람들도 정부만 믿고 있어서는 안 된다는 것을 알게 되었다. 개인이 할 수 있는 쉬운 일을 습관화하여 감염병 위험으로부터 자신과 이웃을 보호하는 것의 중요성을 깨달은 것이다.

예전 우리나라에 결벽증을 가진 유명 정치인이 있었다. 이 사람은 다른 사람과 방에 들어갈 때 항상 상대에게 먼저 들어가라고 양보했다고 한다. 예의 바른 행동이지만 실은 자신이 출입문의 손잡이를 잡고 열지 않기 위한 것이었다고 한다. 또 커피를 마실 때 상대방의 커피잔에 설탕을 넣고 저어 주는 '매너남'이었다고 한다. 그러나 이 매너남의 깊은 뜻은 자신의 스푼을 소독하는 것이었다고 한다. 감염병 위험으로부터 자신을 보호하는 방법이 물론 이런 이기적인 행동이어서는 안 될 것이다. 다른 사람이 보호받지 못하면 결국 자신도 위험에 빠지기 때문이다. 개인이 할 수 있는 감염병 예방 제1 수칙은 손 씻기라고 한다. 오늘부터라도 화장실을 나올 때 20~30초 정도 비누로 손을 씻는 것이다. 작은 것부터 실천하여 호미로 막을 것을 가래로 막는 우를 범하지는 말아야 되겠다.

감자 I

아프리카 동물메디컬센터. 환자명 감자…. 감자의 약봉지를 보면 웃음이 절로 난다. 환자라니. 하기야 틀린 말은 아니지만. 감자가 우리 '가족'이 된 것은 2009년 여름이다. 앙증스럽게 둥글고 노란 아기 침대, 반짝반짝 빛나는 스테인리스 스틸 울타리, 칸막이가 있는 오렌지색 물통 겸 밥그릇, 밤색 솜털, 그리고 그사이에 든 산머루 같은 까만 눈동자…. 감자와의 만남은 그렇게 시작되었다. 처음 왔을 때는 생후 석 달이라 몸집이 어른의 두 손으로 감싸 안을 수 있을 정도의 아기였는데 이제 키는 30센티미터, 머리에서 꼬리까지 신장은 약 70센티미터로 자랐다. 다섯 살배기 푸들로 사람으로 치면 30대 중반이다.

이 녀석을 보면 안쓰러운 마음이 먼저 든다. 감자가 뒷다리를 완전히 펴지 못한다는 사실을 발견한 것은 우리 집에 오고 나서 약 석 달 지나서였다. 의사의 진단은 뒷다리 슬개골 탈구. 양쪽 뒷다리 수술을 받고 일 년이 안 돼 오른쪽 뒷다리 탈구가 재발하여 또 한 차례 수술을 받았다. 수술을 위해 입원한 기간이 39일. 수술하고 회복실에서 머무르는 동안 아내와 아이들 그리고 필자가 문병(?)을 하고자 했으나 의사가 좀 더 회복할 때까지 오지 말라고 권유했다. 가는 다리에는 정맥 주사 바늘이 꽂혀 있고, 수술 부위를 핥는 것을 방지하기 위한 깔때기 모양의 플라스틱 보호막을 목에 쓴 채 끙끙 신음하는 모습을 보면 마음 아프다고. 그리고 무엇보다 그 상태에서 주인을 보면 흥분하여 움직이게 되고 그러면 회복에 장애가 된다는 것이 이유였다.

감자가 병원 신세를 진 것은 그 후에도 있었다. 빵 봉지 묶는 끈을 삼켜 내시경으로 빼내느라 십 일간 입원 치료도 했으니 녀석의 고통이 얼마나 컸으랴. 관절 수술 세 차례도 부족하여 내시경이라니. 그때 아팠던 기억 때문인지 그 후로 미용, 예방접종 등으로 병원에 가면 문에 들어서기도 전에 공포에 사로잡혀 입에 거품을 물고 맹렬히 짖어댔다. 이런 일이 일 년은 넘게 지속되었다.

한 가지 다행스러운 것은 감자가 먹성이 좋다는 것. 감자의 먹성은 정말 대단하다. 뭐든지 잘 먹는다. 그래서 별명이 '먹보'이다. 사료는 물론이고 물도 얼마나 맛있게 먹는지 모른다. 사료 위에 뿌려 주는 약도 가리지 않고 밥그릇에 묻은 것까지 싹싹 핥아먹는다. 약만 쏙 빼고 사료만 먹는 강아지들도 많다고 하는데. 퇴원 후에 빨리 회복한 것은 아마 그 좋은 먹성 덕분으로 보인다.

감자가 우리 집에 오게 된 것은 우연이다. 아내가 당시 고등학교

1학년이던 둘째 아이에게 공부 잘하면 강아지 사주겠다고 덜컥 약속한 것이다. 전교 1등을 못 할 것으로 알고 아무 생각 없이 약속한 것인데 감자와의 인연은 그렇게 시작되었다. 감자와의 만남은 예상치 못한 아이러니였다. 과거에 아내는 아파트 승강기에서 강아지를 안고 있는 여자들을 보면 노골적으로 싫은 내색을 하던 사람이다. 털 날린다고 우리 아기를 안고 돌아서곤 할 정도였으니. 그것뿐인가. 결혼 전에는 필자와 마찬가지로 보신탕에 대한 거부감 없이 기회가 되면 먹지 않았던가.

강아지를 키우는 것은 여러모로 아기 키우는 것과 같다. 밥 챙겨주고 배변 습관 들이고 목욕시키고 털 깎고 용변 보면 뒤처리도 해야 한다. 광견병, 심장사상충 예방접종도 정기적으로 해야 한다. 아파서 병원에라도 가면 건강보험이 안 돼 의료비 부담이 크다. 그래서 많은 사람이 키우다가 사정이 안 좋아지면 버리기도 한다. 경제 위기 때마다 유기견들이 급증하는 것이 이런 이유이다.

아내는 이제 감자에 관한 한 도가 텄다. 발걸음 소리만 들어도 감자가 뭐 하는지 안다. "감자 응가해요. 따라가 보세요"라고 해서 거실에 따라가 보면 어김없이 허리를 구부리며 해산(?)하느라 몸을 틀기 시작한다. 여기 한 덩어리 저기 한 덩어리 많을 때는 대여섯 덩어리를 투하한다. 신속히 따라다니며 치워야 한다. 빨리 안 치우면 먹는 수가 있기 때문이다.

목욕시키는 것도 전문가 못지않다. "감자야, 목욕하자" 하며 빨간 대야를 들고 화장실로 가면 어느새 제자리에 가 앉아 먼 산 바라보며 못 들은 척하는데 정말 웃긴다. 물의 온도를 적당히 맞춰 샤워기로 천천히 몸을 적시고 샴푸를 바르고 헹군다. 또 강아지용 칫솔에 강아지 치약을 발라 이를 닦아 준다. 치석이 생기지 않도록 하기 위한 것이란다. 칫솔에 약을 발라 감자가 어금니로 꽉 물게 하는 방법으로 닦아 주는데 옆에서 보고 있자면 아내가 이런 일을 정말 잘한다는 생각이 든다. 오른쪽 어금니, 왼쪽 어금니 그리고 송곳니까지. 목욕을 시킬 때는 귀에 물이 들어가지 않도록 주의해야 한다고 아내는 말한다. 강아지들이 귓병에 많이 걸리는 이유가 귀에 들어가는 물 때문이란다. 헹굼을 마치면 수건으로 닦고 헤어드라이어로 털을 말린다. 젖은 상태로 두면 감기 걸린다고. 겨울에는 샤워를 마치자마자 오들오들 떠는 감자를 큰 수건으로 감싸 준다. 그리고 귀에 귀지가 있으면 면봉으로 살짝 닦아낸다. 목욕을 다 시키고 나면 "아이구, 우리 애기 뽀송뽀송하네" 하며 꼬옥 껴안는다. 옆에서 아내의 하는 양을 보면 과연 개 팔자 상팔자라는 생각이 든다.

아내는 이러한 노고로 인해 감자에게 일찌감치 집안 서열 1위로 인정받았다. 2위가 감자 자신. 그다음이 필자이며 큰 아들, 둘째 아들이 각각 4, 5위이다. 필자가 3위 서열이 된 것은 퇴근하여 저녁을 주고 휴일에 밥을 주기 때문인 듯하다. 필자가 감자에게 밥을 주기 전에는 이 녀석이 자주 필자의 다리를 혀로 핥았다. 그 느낌이 싫어 저리 가라고 내치곤 했는데 밥을 주고부터는 그런 일이 거의 없어졌다. 감자 주치의(?)에 따르면 감자의 핥는 행동은 자기보다 서열이 낮은 친구들을 사랑해 줘야 한다는 의무감 때문이라고 한다. 밥 당번을 안 했으면 지금도 감자의 애정 표현에 성가셔하고 있을지 모르겠다. 아이들은 어쩌다가 한 번씩 안아 주고 귀여워할 뿐, 목욕시키고 배변판 갈고, 변 치우고, 병원 데려가고 등등 크고 작은 모든 수발은 아내의 몫이다. 그래서 강아지 키우는 게 아기 하나 키우는 것과 비슷하다고 한다. 처음에는 힘들어하더니 이젠 습관이 된 모양이다. "귀찮은데 누구에게 줘버리지" 하면 "우리 새끼 남 못 준다"며 펄쩍 뛴다. 강아지 안 키우는 사람들이 들으면 정말 어이없는 일이다. 하기야 거두어 키우는 데 기울이는 정성을 생각하면 그 말도 틀린 말은 아니다.

잠잘 때도 정말 기가 찬다. 아내의 팔베개를 하고 자거나 베개를 반쯤 차지하고 다리를 죽 뻗고 자는 꼴이라니. 그리고 때로는 코까지 드르렁드르렁 곤다. 제가 무슨 과로를 했다고. 코 고는 것뿐만 아니다. 사람 하는 것은 대충 다 한다. 졸리면 하품하고, 아침에 일어나 기지개 켜는 모습은 정말 가관이다. 밥 먹고 물 마시고 나면 트림까지 끄윽 하고. 어쩌다 방귀를 뀌면 냄새가 정말 지독하다. 카바이드 썩는 냄새랄까.

필자가 퇴근하여 현관문을 들어서면 감자의 환영은 정말 대단하다. 집 안에서 누구도 감자처럼 필자를 환영하는 사람은 없다. 아내는 "어서 오세요"라는 보통의 인사, 아이들은 각자의 방에서 컴퓨터 게임을 하며 건성으로 인사하는 경우가 많다. 그러나 감자는 필자가 들어서자마자 반가움에 멍멍 짖으며 달려나와 두 발을 들고 현관문을 긁는다. "우리 감자. 배고프지. 맘마 먹자" 하면 난리가 난다. 두 발을 들었다가 놨다가 기뻐 날뛰며 머리를 디딜방아 찧듯 아래위로 흔들어 댄다. 밥그릇을 들고 가서 싱크대에서 우선 물을 담고 그다음 사료 봉지를 들고 밥그릇에 사료를 붓는다. 그러는 동안 잠시 머리를 조아리고 기다리다가 이내 못 참고 뱅글뱅글 돌기 시작한다. 저러다가 정말 어지러워 넘어지는 것은 아닌지 걱정이 될 정도다. 드디어 밥그릇을 내려놓으면 그 먹는 소리가 마치 함석지붕에 소나기 치는 소리 같다. 약 20초도 안 돼 그릇을 말끔히 비워버린다. 그러고도 아쉬운지 빈 그릇을 몇 차례 혀로 핥고 나서야 물을 먹는다. '우리 감자는 밥을 계속 주면 배 터질 때까지 먹을 것이다.' 이 점에 대해 필자와 아내는 의심의 여지 없이 완전한 의견 일치를 본다. 뱃속에 거지가 들었는가? 혹시 전생에 아귀도(餓鬼道)에 있었던 것은 아닌가 하는 생각이 들 정도이다. 하지만 잘 먹고 건강하게 잘 자라 주는 것이 얼마나 고마운지. 그렇게 오래 병원 신세를 진 녀석이라. 위내시경으로 빵 봉지 묶는 끈을 빼낸 후에도 목 디스크, 위염전으로 병원 신세를 졌다.

강아지를 키우는 것은 책임과 부담이 따르는 일이긴 하지만 일방적으로 인간이 베푸는 관계는 아니다. 강아지로 인하여 얻는 즐거움이 적지 않기 때문이다. 아이들이 자라 대학생이 되고 또 군에 가고 나서부터 집안이 비는 시간이 많아졌다. 아내는 집에 감자가 없다면 얼마나 적적할까 하는 이야기를 가끔 하곤 한다. 감자가 셋째 아이 노릇을 한다고도 한다. 미국심장협회의 발표에 따르면 애완견을 키우는 사람들이 심혈관계 질환에 걸릴 확률이 그렇지 않은 사람보다 낮다고 한다. 우선 애완동물과 산책하면 주인의 운동량이 늘어난다. 또 이들과 정서적 유대 관계를 맺어 주인의 스트레스 반응을 낮추고 심박수를 떨어뜨리기 때문이라고 한다. 그래서 애완동물이라고 하지 않고 요즈음은 대체로 반려동물이라고 부른다. 그만큼 이들의 지위가 격상된 것이다.

  산머루처럼 까맣고 순한 감자의 눈망울을 바라보면 무슨 업보로 축생계에 태어났는지 하는 측은한 생각이 들기도 한다. 내생에는 인간 세상에 태어나기를 바라는 마음으로 가끔 불교방송의 금강경 독송을 들려주거나 팔에 꼬옥 안고 직접 독송해 주기도 한다. 녀석이 무슨 영문인지 알 길도 없지만. 무량겁 동안 헤아릴 수도 없는 생사를 치르며 어떤 인연으로 강아지의 몸을 받아 우리 집에 온 것일까? 생각해 보면 아득할 따름이다. 다만 건강하게 잘 자라서 금생에 인간에게 끼치는 공덕으로 내생에는 삼선도(三善道)에 태어나기를 바란다면 허무맹랑한 '개' 소리일까?

감자 II

　7월 중순 아파트 앞 소공원에 기다리던 백일홍이 피었다. 벤치 옆 백일홍 나무 아래에 반 줌도 안 되는 감자의 유분을 묻은 지 넉 달 만에 감자가 분홍색 꽃으로 다시 태어난 것이다. 평소 신나게 산책하고 벤치에 앉아 쉴 때 지나가는 사람들 보고 멍멍 짖으며 공연히 시비도 걸었었는데. 작년 10월 감자를 떠나보내고 화장한 유분을 바로 묻어 주려고 했는데 아내가 반대했다. 그 후에도 몇 번이나 이제 감자를 보내 주자고 얘기했지만, 그때마다 펄쩍 뛰며 반대했다. 그렇게 해서 다섯 달을 사진과 함께 거실에 보관하고 있다가 소공원에 묻어 주었다.

　감자가 우리를 떠난 것은 심장병 진단을 받은 후 15개월 지나서였다. 그동안 병세가 악화되어 병원에 뛰어가길 여러 번. 마지막으로 병원에 갔을 때는 두 아들에게도 연락하여 보고 가게 했다. 어쩌면 마지막일 수도 있을 것 같아서였다. 평소 같으면 반가워 아들의 품에 뛰어들었을 텐데 가는 다리에 수액 바늘이 꽂힌 채 숨을 헐떡일 뿐이었다. 병원에 갔다가 오면 축 처져서 하루 종일 자리에 누워 꼼짝도 못 하고 물 한 모금도 마시지 못했다. 가엾은 마음으로 쳐다보며 기도하는 것 이외에는 할 수 있는 일이 없었다. "관세음보살님, 감자의 병을 낫게 해주소서. 인연이 다해 꼭 떠나야 한다면 고통을 덜 받고 떠나게 해주소서…." 몇 달을 매일같이 관세음보살의 명호를 부르는 관음정근 독송을 들려주며 쾌유 기도를 했다. 그때마다 불편한 몸을 헐떡이면서도 '아찌' 옆을 한시도 떠나지 않았다. 아내가 마지막으로 병원에 약 타러 갔을 때 감자 담당 의사가 한 달 치 다 가져가시겠느냐고 묻더란다. 의사는 감자에게 남은 시간에 비해 약이 너무 많다고 보는 것이었다. 그래도 아내는 한 달 분을 다 받아왔다. 그러던 어느 날부터 사료도 간식도 또 그렇게 좋아하던 식빵도 잘 먹지 않았다. 그 후 일주일이나 지났을까. 고통스럽게 헐떡이다 아찌 품에 안겨 숨을 거두었다. 감자를 침대에 눕히고 곧 금강경을 들려주었다. 다음 세상에서는 축생의 몸을 벗고 인천-육도윤회 중 인간과 천상 세계-에서 행복하길 기원하면서. 감자에게 금강경을 들려준 것은 어릴 때부터이니 근 십 년은 된 것 같다. 금강경 독송을 들려주며 "우리 감자 '곰부'도 잘하네. 그 공덕으로 내생엔 인천에 태어날 거야"라고 하면 아내는 "걔, 공부 싫어해. 나는 인천보다 서울이 더 좋아"라고 하곤 했는데. 무슨 헛소리냐고 타박할지 모르나 오래전에 감자에게 법우(法遇)라는 법명을 지어 주었다. 금강경을 공부(?)해서 진리를 만났다는 의미이다.

강아지에게도 경을 읽어 주면 공덕이 되느냐고 아는 명상 지도 법사에게 물었더니 공덕이 된다는 말을 했다. 그 후로는 더 자주 감자를 꼬옥 안고 금강경도 들려주고 반야심경도 독송해 주고 좋은 게송도 들려주었다. 마치 큰스님이 사자좌에 올라 게송을 읊듯이 유장한 가락으로 읊어 주었다. 금강경, 반야심경은 뜻은 몰라도 귓가를 스치기만 해도 공덕이 된다는 공덕경이라고 한다. 그래서 업장 소멸하고 인천(人天)에서 행복하고 모든 괴로움에서 벗어나기를 바라는 마음으로 독송하고 녹음도 들려준 것이다. 중국 명나라 때 오랜 세월 스님을 태우고 다니며 법화경 독송을 들은 말이 죽어서 그 공덕으로 인간으로 환생했다는 설화가 전해오고 있다. 인도에는 열반경을 들은 까치가 다음 생에 인간으로 태어났다는 이야기가 있다. 또 석가모니 부처 당시 개구리가 부처의 설법을 듣다가 청중 중 한 사람이 모르고 짚은 지팡이에 다쳐 죽은 후 부처의 설법을 들은 공덕으로 천상 세계에 천신으로 태어났다는 얘기도 있다.

반려견을 키우고 떠나보내 보니 그들의 생로병사도 인간의 그것과 다르지 않다는 것을 알게 되었다. 나이가 들면 시월의 밤톨 같던 머리도 하얗게 센다. 반려견을 먼저 떠나보낸 한 선배는 이런 말을 했다. 병으로 하루 종일 누워 있는 모습을 보면 자신의 미래를 보는 것 같다고. 또다시 이별할 것을 생각하니 더 이상 반려견을 못 키우겠다고 했다. 반려묘를 키우는 후배에게 감자 보낸 얘기를 했더니 자신의 반려묘와 이별할 것을 생각하면 벌써부터 가슴이 먹먹해진다고 말했다. 반려견은 주인과 사랑하고 사랑받을 때 제일 행복해하며, 그들이 아플 때 우리도 아프다. 감자를 보내고 난 후 얼마 지나지 않아 아내가 이렇게 말했다. "우리가 감자를 돌봐 준다고 생각했는데 오히려 감자가 우리를 행복하게 해주었다"라고. 힘들 때 큰 위로가 되었으며 감자가 아니었으면 우울증에 걸렸을지도 모른다고 했다.

주인에 대한 개의 변함없는 무조건적인 사랑과 충성은 참으로 놀라운 것이다. 주인이 잘생겼건 못생겼건, 부유하건 가난하건 차별이 없으며 대가를 바라지도 않는다. 아내가 외출했다 들어오면 총알같이 달려가 안겨 뽀뽀 세례를 얼마나 퍼붓는지. 이런 사랑과 충성은 동물 중에 단연 으뜸이며 인간에게도 찾아보기 힘들 것이다. 심지어 가장 가까운 가족으로부터도 이런 환영을 받아 본 적이 있었던가. 아내가 소파나 거실 바닥에 누워 있으면 항상 아내 배에 누워 껌딱지가 따로 없었다. 다림질할 때도 식탁에서 식사할 때도 아내의 무릎을 떠나지 않았다.

아찌가 출근할 때는 얼마나 싫어하는지 화가 나서 어쩔 줄 모른다. 제 소파를 물고 이리저리 돌리고 입에 거품을 물고 맹렬히 짖어댄다. 아내가 안고 "아찌 나중에 와" 하고 달래려고 하면 오히려 꼬리를 팽이처럼 돌리며 더 화를 낸다. 그 기세가 마치 금방이라도 박차고 나와 아찌한테 튀어나올 것 같아 아내도 감자를 떨어뜨릴까 봐 노심초사한다. 아찌가 안아 주면 또 얼마나 행복해했는지. 퇴근하면 어찌나 격렬히 반기는지 난리가 난다. 옷도 갈아입기 전에 아찌에게 안아 달라고 이리 뛰고 저리 뛰며 매달리는데 한 십 분은 안아 주고서야 내려놓는다. 옷장 앞으로 가서 "아찌 옷 갈아입고 다시 안아 줄게. 마미한테 가세요" 하면 그제야 아내가 저녁 준비하는 주방 쪽으로 간다. 그래도 미련이 남아 뒤를 한 번 돌아보고서야 아쉬운 발걸음을 돌려 쫄래쫄래 걸어 나간다.

감자가 떠나기 약 일 년 전부터 거실에는 감자를 위해 밤새 미등을 켜놓았었다. 심장약 때문에 탈수가 심하여 밤에도 수시로 나와 물을 마시기 때문이다. 밤중에 물 마시고 제 방으로 돌아가는 길에 아찌 방문을 발로 긁는다. 귀찮아서 모르는 척하고 있으면 더 세게 긁는다. 할 수 없이 문을 열어 주면 침대 옆에 서서 고개를 숙이고 있다. 안아 달라는 말이다. 건강하던 예전 같으면 앞발을 침대에 걸치고 아찌를 툭툭 건드렸을 텐데. 할 수 없이 일어나 잠시 안아 주다가 제 방 침대에 뉘어놓고 온다. 그러나 이내 따라 나온다. "내일 안아줄게. 코오, 자" 하고 다시 자리에 눕히고 등을 몇 번 쓰다듬어 주고 돌아선다. 감자가 떠난 지 오래된 지금도 밤에 그 미등을 켜놓고 있다. 감자가 아찌 방문을 긁으러 올 리 만무하지만.

감자가 떠난 것은 아기 때 데려와서 키운 지 약 12년이 지나서였다. 삼베 수의에 싸여 국화꽃 몇 송이와 함께 조그만 목관에 누워 가족들과 작별하였다. 가족들이 목관 뚜껑에 작별의 글을 쓰고 나서 화장로에 들어가고, 그렇게 감자의 사대(四大)는 흩어졌다. 평소 입던 빨간 재킷, 장난감 오리, 사료, 즐겨 먹던 간식을 추모단에 남겨둔 채. 아내는 계속 훌쩍거렸고 둘째 아들은 내내 울어 눈이 벌겋게 충혈되어 있었다. 그로부터 일주일쯤 지났을까. 아내는 감자

침대 담요를 부여잡고 "점점 감자 냄새가 사라지고 있어" 하며 또 울음을 터뜨리며 눈물을 쏟는다. 그 후에도 오랫동안 불현듯 생각나면 눈시울을 적셨다. 키우며 함께한 정이 이리도 깊었던가. 감자가 떠난 집안이 텅 빈 것 같다. 곁에 있을 때는 기쁨을 주었고 떠나서는 그리움을 남겼다. 지나가는 밤색 푸들만 보면 감자 생각에 한참 쳐다본다. 우리 감자도 저렇게 산책했는데….

오늘도 화창한 여름날. 까치, 비둘기, 참새, 직박구리 등 저마다 노래하며 날아다니고 먹이를 찾는 소공원은 평화롭다. 고개를 들어 지난해 우리 곁을 떠난 감자가 수만 송이의 백일홍으로 돌아온 곳을 바라본다. 해마다 백일홍이 필 때 여기서 감자를 만날 것이다. 이별이 남긴 허전한 가슴은 저 꽃송이들로 채우고 행복했던 추억도 떠올려 보리라. 그런데 감자가 어찌 백일홍으로만 태어났을까. 사대 중 흙의 기운은 땅에 묻혀 풀과 나뭇잎들로 돌아났다. 산책할 때 들이마시고 내쉬었던 공기는 백일홍 꽃잎 사이를 지나 코끝을 스치는 미풍이 되어 있다. 따뜻한 체온은 그 꽃잎 위에 쏟아지는 따사로운 햇볕으로 돌아와 있다. 몸속 물의 요소는 파란 하늘에 두둥실 흰 구름이 되어 흐르고 있다. 저 구름이 비가 되어 내릴 때 감자는 온 세상을 적시며 만물을 생육할 것이다. 다음에는 백 줄기, 천 줄기 물길이 되어 바다로 흘러들어 헤아릴 수도 없는 생명체 속으로 스며들 것이다. 이렇게 감자는 삼라만상, 일체 존재 속으로 들어간다. 깊이 들여다보면 감자는 떠났지만 실상 떠난 것이 아니다. 풀 한 포기, 거기에 맺힌 이슬 한 방울 속에서도 감자를 본다. 담장 밑의 채송화 한 송이에서도 안아 달라고 뛰어나오는 감자를 만난다. 일체 속에 감자가 있고 감자 속에 일체가 있다. 바닷물과 파도가 둘이 아니듯이.

　감자는 떠났지만 떠나지 않았다는 모순의 진실이 온전히 내 살림살이가 되기에는 역부족이다. 그래서 보이는 것과 보이지 않는 것의 계합이 숙제로 남는다. 꽃은 졌지만 봄은 지지 않았고, 먹구름에 가려져도 하늘은 거기에 있다. 떨어지지 않은 봄과 상주하는 하늘을 보려면 눈을 감아야 한다. 이들은 마음의 눈에만 보이기 때문이다. 떠난 것과 떠나지 않은 것이 하나가 될 때 모순의 진실은 모순 아닌 진실이 된다. 꽃은 져도 봄은 지지 않듯이 감자는 떠났지만 함께한 행복했던 시간은 우리 가족들의 가슴 속에 따뜻한 기억으로 남아 있다. 행복한 추억은 사랑하는 사람이 자신에게 주는 선물이기에. 감자도 우리로 인하여 행복했다면 그것은 또 얼마나 소중한 위안인가. 감자야, 네가 있어서 행복했다. 내생에는 축생도를 떠나 부디 좋은 세상에서 행복하렴.